時間の非実在性

ジョン・エリス・マクタガート
永井均　訳・注解と論評

講談社学術文庫

はじめに

これは、一九〇八年にMind, vol.17（pp. 456-474）に載った、John Ellis McTaggartの論文*The Unreality of Time*の翻訳に、私の「要約」と「注解と論評」、それに「付論」を付けたものである。また、章分けも私が施したものである。最初に翻訳だけを置き、できるかぎり私の解釈の入っていないマクタガート自身の論述を提示し、私が付け加えたものは（段落番号を除いて）後に回した。（まずは）本文だけを読みたいと思われる方は、最初から順番に読んでいただきたい。一つ一つ「要約」や「注解と論評」も参照したいと思われる方は、いちいちそこも読んでいただきたい。さらにまた、（まずは）私の見解だけを読みたいと思う方は、「注解と論評」の中の一見してわかる長大なもの（とりわけ4、18、31、36、50〜55、57は必ず）と、「付論」とをお読みいただきたい。

どのような読み方でもかまわないが、注意していただきたいことが二つある。

一つは、時間というものの見かけの単純さに反して、時間にかんして精密に論じることは「一見したところわれわれにそう見える時間にかんするかぎり」(第4段落)でさえ、きわめて複雑な考察を必要とする、ということである。マクタガートの時間観と彼の議論の進め方は、その中でもかなり異様なものであり、他の哲学的時間論に似ていない。とりわけたとえば過去や未来の存在にかんする懐疑論や、時間のあり方の細部を観察するような心理主義的議論に代表されるような、主観的時間論の問題意識を読み込もうとしても、それは無駄である。その種の問題とは、本質的な点において隔絶した問題を扱っているからだ。マクタガートの提起する問題は、その種の議論がそもそも成り立ちうる基盤にかんする議論であり、私見では、遥かに根底的な問題を扱っている。(ちょうど他人の心の存在にかんする一般的な懐疑論がそもそも成り立つ根底に、その前提となっている自己と他者という一般概念の成立そのものの問題があるように。)また逆に、たんなる論理的パラドクスの一種として理解しようとしても、その趣旨は理解できないだろう。彼の問題提起の根底にあるのは、世界のあり方そのものに潜む本質的矛盾なので、これをたんなる頭の体操のような仕方で理解することはできない。

時間は、他のいかなるものにも似ていないので、哲学的時間論は類比の鋭利さの競い合いとならざるをえない。もちろん、どの類比も時間の一面しか捉えていない。他の類比を好む人の眼から見ると、マクタガートの時間像は凡庸でしかも異様なものに見えるかもしれない。彼のような捉え方によってしか捉えられない問題があり、私見ではそれこそが最も本質的な問題なのだが、大学やカルチャーセンターで関連する講義をした際の印象では、このような問題設定には格別の理解しがたさがあるように感じられた。よほど変わった感覚を持った人でなければ、自分自身があらかじめ持っている問題意識をここに読み込もうとしても、はじき返されるだけであるようだ。おそらく、多くの人にとって、彼の問題構成はその内部からしか理解できないであろう。

と言ったすぐ後でこんなことを言うのも変だが、しかし私自身は、その点ではよほど変わった感覚を持った人らしく、自分自身があらかじめ持っている問題意識を彼の問題構成の内部にきれいに読み込めてしまった。マクタガートの議論こそが（他のだれも気づいてさえいない）時間にかんする最も本質的な問題点を射抜いている、と私が確信しているのはそれゆえである。

そこで二つ目の注意点だが、ここでの私の議論も、彼の問題設定の異様さに見合って異様なものに見える人がいるかもしれない。この議論の意味と価値を理解するには、まずは自分自身の持っている時間にかんする予断を、常識的なものや科学的なものはもちろん、哲学的なものも——いや哲学的なものこそ——すべて捨て去って、この議論の道筋そのものにどっぷりと身をゆだねてもらわねばならない。マクタガートの議論にかんする私の解釈と考察は、マクタガートの議論が他の時間論と似ていないのと同じぐらい、他の諸解釈に似ていない（だろう）。ことさら異を唱えているわけではなく、私がマクタガートの原文を素直に読むと、このようにしか読めない、ということである。この点を明らかにするため、当初の予定では、他の主な解釈を紹介して検討する予定であったが、そこではたとえばA系列論者とB系列論者の対立といったような、私から見ればまったく意味のないことが主題とされており、そこに私の議論を介入させても、実質的にはすでに言ったことを繰り返すだけになるので、それは省略することにした。他の諸解釈と異なる私の解釈の要点を一言で象徴的に語るなら、マクタガートの「時間には矛盾がある」という主張とウィトゲンシュタインの「独我論は語りえない」という主張は、それぞれ「現在」と「私」にかんして、まったく同じことを問題にしており、実質的に同じ結論に達している、というものである。そして私の診断は、その「矛盾」も「語りえなさ」も、われわれの世界の成り立ちにとって不可欠のものである、ということになる。おそらく、そんなことを言っている人は、他にだれもいないであろう。

ほとんどの読者にとって、本書はやっと出現したあの有名なマクタガート論文の本邦初訳ということになるだろう。しかし私自身にとっては、それはいわば本文理解のために付けられた付録のようなものであって、本文はあくまでも「注解と論評」のうちのいくつかと「付論」である。しかし、前者の目的のためだけに本書を利用される方がおられても（おられるであろうが）、それはそれでありがたいことである。

永井　均

目次

時間の非実在性

第一部　時間の非実在性（本文）

時間は実在しない、時間の実在性を必然的にともなうような言明はすべて誤りである、という主張は、たしかにきわめて逆説的に見える。そのような主張は、空間は実在しない、物質は実在しない、といった主張に比べても、人間の自然なものの見方からはるかに遠く隔たっている。自然なものの見方からこれほど決定的に隔たっていては、たやすく受け入れるわけにはいかない。にもかかわらず、時間が実在しないと信じることは、いつの時代にも人々を著しく魅了してきたことは確かなのである。（1）

東洋の哲学と宗教においては、［時間は実在しないという］この説が枢要な位置にあることが知られている。また、西洋においては、哲学と宗教の関係は東洋ほどに密接でないとはいえ、やはりこの同じ説が哲学者の間でも神学者の間でも絶えず繰り返されてきたことが知られている。神学は、けっして神秘主義から距離をとり続けることはなかったが、その神秘主義のほとんどすべては時間の実在性を否定しているのである。哲学においてもまた、スピノザ、カント、ヘーゲル、ショーペンハウアーが、時間を実在しないものとみなしている。現代の哲学においては、（まだ単に批判的なだけのものを除けば）最も重要な二つの動きがあって、それらはヘーゲルとブラッドリに依拠するものなのだが、その二つの学派のいずれもが時間の実在性を否定しているのである。このような意見の一致がきわめて重要であることは否定できず、また、［時間は実在しないという］この説がこのようにさまざまな形態をとり、このようにさまざまな論拠によって支持されているからといって、この一致の重要性が減じるわけでもない。(2)

私は時間は実在しないと思っている。しかし、そう思う理由は、ここで言及したどの哲学者たちのそれとも異なっているように思われるので、この論文において、その理由を説明したい。(3)

一見したところわれわれにそう見える時間にかんするかぎり、時間におけるもろもろの位置は二つの仕方で区別されている。［一つは、］それぞれの位置は他のもろもろの位置のあるものよりは前にあり、別のあるものよりは後にある［という区別の仕方であり、もう一つは、］それぞれの位置は、過去であるか、現在であるか、未来であるか、のいずれかである［という区別の仕方である］。前者の部類の区別は永続的［不変］であるが、後者の部類の区別はそうではない。ひとたび［出来事］Nより前にあるならば、それは常により前にある。しかし、ある出来事Mが今、現在であるとすれば、それは未来だったのであり、過去になるだろう。(4)

第一の部類の区別は永続的であるから、より客観的で、時間の本性にとってより本質的である、と考えられるかもしれない。しかし、それは誤りであろうと私は思う。そして、過去・現在・未来の区別は、より前・より後の区別と同様に時間にとって本質的であって、後で見るように、ある意味では、より前・より後の区別よりも基本的であるともみなしうる、と私は思う。そして、私には過去・現在・未来の区別が時間にとって本質的であるように見えるからこそ、私は時間は実在しないとみなすのである。（5）

簡潔さのために、遠い過去から近い過去を経て現在へと、そして現在から近い未来を経て遠い未来へと連なる位置の系列を、A系列と呼ぶことにする。より前からより後へと連なる位置の系列をB系列と呼ぶことにする。時間上のある位置を満たしている内容は出来事と呼ばれる。単一の位置の複数の内容は、複数の出来事と呼ばれるのが適切であると一般に認められている。（しかし、それを単一の出来事と呼ぶとしても、いっそう正しいというわけではないにしても、同程度には正しいと私は思う。この見解は、一般に受け入れられてはいないが、私の議論がそれを必要としているわけではない。）時間上の位置は時点と呼ばれる。（6）

考察すべき最初の問題は、諸々の出来事がB系列とならんでA系列をなすことが時間の実在性にとって本質的かどうか、ということである。まず明らかなことは、われわれはその両方の系列をなすものとしてしか時間を見ることができない、ということである。われわれは時間の中にある諸々の出来事を現在の出来事として知覚しており、現在の出来事しか直接には知覚できない。時間の中にある他の出来事はすべて、記憶や推測によって実在すると信じられ、過去または未来とみなされる——現在より前なら過去であり、現在より後なら未来である。こういうわけで、われわれが観察する限りでの時間上の出来事は、B系列とならんでA系列をなすことになる。(7)

しかし、これはたんに主観的なことにすぎないということもありうる。A系列によって時間上の諸々の位置のあいだに導入された区別——過去、現在、未来の区別——は、たんにわれわれの心の恒常的な錯覚にすぎず、時間の実在的な本性にはB系列の区別——より前とより後の区別——しか含まれていない、というのが実情なのかもしれない。その場合、われわれは時間を実在するあり方で知覚することはできないが、時間を実在するあり方で考えることならできるかもしれない。(8)

これは、きわめてふつうの見解であるとはいえないが、有力な支持者を見出してきた。しかし、私はこの見解は維持できないと思う。なぜなら、上述のように、A系列は時間の本性にとって本質的であって、A系列を実在するとみなすことの困難は、時間を実在するとみなすことの困難に等しい、と私は考えるからである。(9)

時間が変化を含むことは一般に認められていると思われる。なるほど、どんなに時間が経過しても変化せずに存在するものもありはしよう。しかし、異なる諸時点をあるいはある期間を通してそれが変化しなかったと言う際にわれわれが何を意味しているのか、と問うてみるならば、他のものが変化しているあいだにそれは変化しなかった、と言っていることがわかる。およそ何ものも（その中にいる意識的存在の思考も含めて）変化しない宇宙は無時間宇宙であろう。(10)

それゆえ、もしA系列なしにB系列だけで時間が成り立ちうるとすれば、変化もまたA系列なしに可能でなければならないことになる。[そこで、] 過去・現在・未来という [A系列の] 区別が実在に適用できない、と想定してみよう、[それでも、] 変化は実在に適用されうるだろうか。[その場合、] 何が変化するのであろうか。(11)

[それとも、] B系列を形成するがA系列は形成しない時間において、変化とはつまり、ある出来事が出来事であることをやめ、別の出来事が出来事となり始める、とい

う事実にほかならないのだ、と言えるであろうか。もしそうであったならば、たしかにわれわれは変化を手に入れたことになるだろうが。（12）

だが、そんなことはありえない。ある出来事が出来事であることをやめることはありえない。ある出来事は、ひとたびある時間系列の中に入ると、そこから出ることはけっしてできない。出来事Nが出来事Oより前で出来事Mより後であるならば、これからもずっとそうであるし、これまでもずっとそうであった。より前・より後という関係は永続的であるからだ。また、われわれの今の仮説では、時間はB系列だけから成り立っているのだから、Nは時間系列の中のある位置をずっと持ちつづけるだろうし、ずっと持ちつづけてきた。* すなわち、Nは、これからもずっと出来事でありつづけ、これまでもずっと出来事でありつづけたのであって、出来事であり始めたりあり終えたりすることはできない。（13）

＊ ここで考察している仮説に基づけば論及する必要のないことだが、何であれひとたびあるA系列の中に入ったなら、つねにその中にある、というのも同様に真である。過去・現在・未来のいずれかの規定がNにあてはまりうるならば、そのいずれかはずっとあてはまってきたし、ずっとあてはまりつづける。もちろん、つねに同じ規

定があてはまるわけではない。

それとも、こう言うべきだろうか。ある出来事Mは、変化せぬ要素によって一定の同一性は保持しつつも、別の出来事Nに混ざり込んでおり、それゆえ、単に「Mが終わってNが始まった」と言うのではなく「MがNになった」と言うことができるのだ、と。それでもまた、同じ困難が繰り返される。MとNは共通の要素を持つかもしれないが、同一の出来事でない。そうでなければ、変化などありえないだろう。それゆえ、もしある時点でMがNに変化するならば、そのときMはMであることを終えてNがNであることを始める、ということになる。だが、すでに見てきたように、どんな出来事も、B系列においてそれとして存在することをやめることはないのだから、それであることをやめたり始めたりすることはできない。それゆえ、ある出来事が別の出来事に変化することはありえない。(14)

また、絶対的な時間に属する数的に異なる諸時点――そういう諸時点が存在するとして――のうちに変化を探し求めることもできない。同じ議論があてはまるからだ。そのような各時点も、他の各時点より前かより後であるのだから、B系列のうちに位置づけられるであろう。B系列は永続的な関係を指すのだから、いかなる時点

も、存在することをやめることも他の時点になることも、できない。(15)

それゆえ、時間のうちで起こることは存在し始めたりし終えたり、あるいはそれ自身であり始めたりあり終えたりすることができず、また、変化があるべきだとすれば、それは時間の中で起こることの変化でなければならない(無時間的なことは変化しないから)のだから、残る選択肢は一つしかないことを認めざるをえない。変化は、その変化が起こっても、変化の前後で、出来事が出来事でなくなったり、同一の出来事でなくなったりしないような、そういう本性をもった出来事に起こらなければならない[という選択肢である]。(16)

では、それ自体は変化するにもかかわらず、出来事を同じ出来事のままに保ちうるような、出来事のもつ特性には何があるだろうか。(私は特性という語を、出来事がもつ性質と、出来事がその項である関係——あるいはむしろ出来事がその関係の項であるという事実——の両方を含む総称的な語として用いている。)私にはそのような特性のクラスはただ一つしかないように思える。すなわち、A系列を構成する[過去・現在・未来という]タームによる出来事の規定である。(17)

何らかの出来事、たとえばアン女王の死、を取り上げて、その特性にどのような変化が起こりうるかを考えてみよう。それが死であること、それがアン・スチュアートの死であること、それにかくかくの原因があること、それがしかじかの結果をもたらすこと、この種の特性はいずれも決して変化しない。「星々が互いをはっきり見分ける以前から」その出来事は英国女王の死であった。時間の最後の瞬間にも――時間にそういう瞬間があるとして――、その出来事はなお英国女王の死であろう。それは、ただ一点を除くあらゆる点において、等しく変化を欠いている。しかし、その一点においては、それはまさに変化するのだ。それは初めは未来の出来事であった。一瞬一瞬より近い未来の出来事となり、ついに現在となった。それから、それは過去となり、過去でありつづけながらも、一瞬一瞬より遠い過去になっていくであろう。(18)

それゆえ、次のように結論するほかはないように思われる。変化はすべて、A系列の中に存在することによって出来事に与えられる特性――それが性質であれ関係であれ――の変化にすぎない、と。(19)

もしこれらの特性［過去・現在・未来というA特性］が性質であるならば、出来事はつねに同じであるわけではない、と認めざるをえないことになる。そのもつ性質が変わるならば、当然のことながら、まったく同じ出来事ではなくなるからである。また、これらの特性が関係であるとしても、(私がそう考えるように)*、XのYに対する関係はXの中にYに対する関係性という性質があるということを含んでいるのであれば、やはり出来事はまったく同じではないであろう。すると、われわれには二つの選択肢があることになるだろう。出来事は、他の点では不変だとしても、これらの特性にかんしては、現実にその本性を変えたのだ、と認めることもできるだろう。それを認めることには何の困難もないと思う。その場合、A系列の諸規定は出来事のもつ諸特性のうちできわめてユニークな位置を与えられることになるだろうが、しかし、どのような理論においても、A系列の諸規定はきわめてユニークな特性であろう。たとえば、過去の出来事は決して変化しないと言うのは普通のことだが、その代わりに「過去の出来事はただ一点においてのみ変化する。それは各瞬間ごとに以前よりも現在から遠ざかっているという点である」となぜ言ってはいけないのか私にはわからない。しかし、この見解に内在的な難点はないと思いはするとはいえ、これは私が究極的に真とみなす選択肢ではない。なぜなら、もし、私がそう信じているように、時間は実在しないとすれば、時間における出来事はA系列における位置において変化する、と認めたとしても、何かが実在的に変化したことにはならないからである。

（20）

＊ 私は、ロッツェがそうしたように、XとYの関係はXにおける性質とYにおける性質とから成り立っていると主張しているのではない。この主張はまったく擁護不可能だと私は思う。私が主張していることは、XとYの関係Zは、「Yに対して関係Zにある」という性質がXにあることを含んでおり、それゆえ、関係が異なればつねに性質も異なり、関係が変化すればつねに性質も変化する、ということである。

というわけで、A系列がなければ変化はないことになるが、変化なしには時間はありえないのだから、B系列だけでは時間にとって十分ではない、ということになる。（21）

しかし、B系列は時間的なものとしてしか存在できない。なぜなら、B系列を構成するより前とより後の区別は、明らかに時間規定だからである。そこから、A系列のないところにB系列はありえない、ということが帰結する。なぜなら、A系列がないところに時間はないからである。（22）

しかし、時間からA系列規定を差し引いたならいかなる系列も残らない、ということがここから帰結するわけではない。ある系列――時間においては出来事であるような諸実在のあいだに成り立つ永続的な相互関係の系列――が存在し、この系列がA系列規定と結合することによって時間が生まれるのである。だが、この新たな系列――C系列と呼ぼう――は時間的なものでない。それには変化がなく、ただ順序があるだけだからである。出来事には順序がある。それらが、たとえば、M、N、O、Pという順序にあるとしよう。それらは、それゆえに、M、O、N、Pという順序や、O、N、M、Pの順序にはなく、その他のいかなる順序にもない。しかし、それらにこの順序があるということは、そこに何らかの変化があることを含意するわけではないのであって、それはちょうど、アルファベット文字の順序や英国上院議員名簿の順序が何らかの変化を含意するわけではないのと同じことである。そしてそれゆえ、われわれに出来事として現れる実在は、出来事を名乗る資格はなくても――なぜなら出来事という名は時間系列のうちの実在にのみ与えられるのであるから――、そうした系列を形成することができはする。変化と時間が入ってきてはじめて、このC系列の諸関係はより前・より後の関係になり、B系列となる。(23)

しかし、B系列と時間の発生には、単にC系列と変化の事実だけではなく、それ以上のものが要求される。というのも、その変化は特定の方向を持たねばならないからである。C系列は、順序を決定するとはいえ、方向は決定しないのだ。もしC系列がM、N、O、P、と進むならば、より前からより後へと進むB系列は、M、O、N、P、やM、P、O、N、では、あるいは次の二つを除くどんな順序でも、進むことができない。それが進むことができるのは、M、N、O、P（Mが最も前でPが最も後）か、P、O、N、M（Pが最も前でMが最も後）かである。それ［B系列］がこのどちらになるかを決定するものは、C系列のうちにも変化の事実のうちにも存在しない。(24)

時間的でない系列には、順序はあっても、それ自身の方向はない。自然数の系列に従う場合、21と26の間に17を置くことはできない。しかし、17から21を経て26に達しようと、26から21を経て17に達しようと、その系列に従っている。前者の方向のほうがわれわれにはより自然なものに思えるのは、この系列には端が一つしかなく、一般的にはその端は始点であったほうが終点であるよりも便利だからである。だが、逆向きに数えても、その系列に従っていることに変わりはない。(25)

また、ヘーゲル弁証法におけるカテゴリーの系列においては、絶対的理念を有と因果性の間に置くことはできない。だが、有から因果性を経て絶対的理念に達することも、絶対的理念から因果性を経て有に達することも、いずれも可能である。ヘーゲルによれば、前者が証明の方向で、それゆえに概しては列挙の順序としても好都合である。だが、逆方向で列挙するほうが好都合だとみなした場合にも、なお系列を遵守してはいることに変わりはない。(26)

というわけで、非時間的な系列は、その系列を考える人が自分の便宜のために系列を構成する諸々の項をどちらかの方向で捉えることはできるとはいえ、それ自体には方向がない。それと同じやり方で、時間順序について考える人も、それをどちらの方向で考えることもできる。出来事の順序を、マグナカルタから選挙法改正案へとたどることも、選挙法改正案からマグナカルタへとたどることもできる。しかし、時間系列を扱う場合には、外的な考慮のみによって変化にかかわるわけにはいかず、その系列それ自体に内属する変化にもかかわらざるをえない。そして、この変化にはそれ自体の方向がある。マグナカルタが選挙法改正案より前に起こったのであって、選挙法改正案がマグナカルタの前には起こらなかったのである。(27)

それゆえ、時間を手に入れるためには、C系列と変化の事実のほかに、変化が一方向に向かっていて他方向には向かっていないという事実が与えられなくてはならない。今や、時間を手に入れるには、A系列がC系列と結合するだけで十分であることがわかる。というのも、変化を、そして一定方向に向かう変化を手に入れるためには、次の［二つの］ことが成立するだけで十分だからである。［1］C系列の中のある一つの位置が、他のすべての位置を排除して、端的に現在であり、［2］現在であるというこの特性は、現在の一方の側にあるすべての位置はかつて現在であって、他方の側にあるすべての位置はこれから現在になる、という仕方で、この系列に沿って動いていく。かつて現在であったものが過去であり、これから現在になるのが未来である。* それゆえ、A系列が実在にあてはまらなければ時間は存在しえないという先の結論に加えて、時間系列を構成するにはA系列とC系列以外の要素は必要とされない、というもう一つの結論を追加することができる。(28)

* A系列の本性にかんするこの説明は妥当ではない。過去と未来を説明するのに「かつて……であった」と「これから……になる」を使っていることで悪循環に陥っているからである。しかし、後にそれを示すべく努めるが、この悪循環はA系列を扱う際に避けられないものであり、われわれがA系列を拒否しなければならない根拠でもある。

これら三つの系列の時間に対する関係は、次のように要約することができるだろう。A系列とB系列は時間にとって等しく本質的であって、時間は過去・現在・未来に区別されねばならないが、同様にまた、より前とより後にも区別されねばならない。しかし、この二つの系列が等しく基礎的であるわけではない。A系列の区別のほうが究極的である。われわれは過去・現在・未来によって何が意味されているのかを説明することができない。ある限度で描写することならできるが、定義することはできない。それらの意味を例によって示すことしかできない。もし意味を尋ねられたなら、「今朝の朝食は過去であり、この会話は現在であり、今晩の夕食は未来である」と言うことはできるが、それ以上のことはできない。(29)

他方、B系列は究極的ではない。というのも、諸々の項の永続的な関係からなるC系列――それ自体は時間的でなく、それゆえB系列でもない――が与えられ、そしてさらに、そのC系列の諸々の項がA系列を形成するという事実も与えられたならば、結果として、C系列の諸々の項はB系列となり、過去から未来の方向において最初のほうに位置する項はより未来方向に位置する項よりも前にあることになるからである。(30)

しかし、C系列はA系列と同様に究極的である。それを他の系列から得ることはできない。時間の諸単位がそれらのあいだの関係が永続的であるような一つの系列を形成することは、それらの諸単位が現在か過去か未来であるという事実と同様に究極的である。そして、この究極的事実は時間にとって本質的である。時間の各時点はそれ以外のいかなる時点よりも前であるか後であるかのどちらかでなければならないことは、時間にとって本質的であることが認められており、しかも、この関係は永続的であるからである。そして、これ——B系列——をA系列だけから得ることはできない。変化と方向を与えるA系列が、永続性を与えるC系列と結びついて、初めてB系列が生じうるのだ。(31)

いま到達した結論のうち、この論文全体の目的にとって必要とされるのはその一部にすぎない。私が時間の非実在性を主張するための根拠としようとしているのは、A系列はB系列よりも基礎的であるという事実ではなく、A系列はB系列と同様に本質的であるという事実——過去・現在・未来の区別は時間にとって本質的であるという事実——なのであって、したがって、もしその区別が実在にあてはまらないなら実在は時間のうちにはない、という事実なのである。(32)

この見解は、真であれ偽であれ、驚くべきところは何もない。すでに指摘したように、われわれが知覚する時間はつねにこの区別を提示する。そして、この区別は時間の実在的特性であって、われわれが時間を知覚する仕方に由来する錯覚ではない、と一般に認められてきた。多くの哲学者たちは、時間が実在にあてはまると信じていようといまいと、A系列の区別が時間にとって本質的であるとみなしてきた。(33)

これと対立する見解が主張されたこともあったが、私の見るところでは概してその場合の根拠は、過去・現在・未来の区別は実在にあてはまりえないので、時間の実在性を救うにはその区別が時間にとっては非本質的であることを示さなければならない、と（後に示すように正しく）考えたことにあった。時間が実在することに賛成することは仮定されたうえで、そのことがA系列を時間にとって非本質的であるとして拒否する理由になる、とされたわけである。しかし、もちろん、これは一つの仮定を与えることができるだけであった。時間概念の分析によって、A系列が除去されれば時間が破壊されることが示されたならば、この議論の筋はそのことで閉ざされ、A系列の非実在性は時間の非実在性を巻き添えにすることになるだろう。(34)

私はA系列が除去されれば時間が破壊されることを示そうとしてきた。しかし、こ

の説には二つの反論があるので、今からそれらを考察しなければならない。(35)

第一の反論が問題にするのは、実は存在しないのだが、誤って存在すると信じられていたり、存在すると想像されていたりする時間系列である。ドン・キホーテの冒険譚を例にとろう。この系列はA系列ではない、とされる。私は現時点において、それが現在であるとも過去であるとも未来であるとも判断できない。実際、私は、それがその三つのどれでもないことを知っている。にもかかわらず、それは疑いなくB系列である、とされる。ガレー船の奴隷たちのお話は風車のお話よりも後である。そして、B系列は時間なしにはありえない。導き出される結論は、A系列は時間にとって本質的でない、ということになる。(36)

この反論に対する答えは、次のようになると私は思う。時間は現実に存在するものにだけ属する。もし何らかの実在が時間のうちにあるなら、その実在は現実に存在することになる。このことは広く認められているのではなかろうか。現実に存在するもののすべては時間のうちにあるのか、それとも、真に現実に存在するすべてのものが時間のうちにあるのか、そこには疑問の余地があるかもしれないが、時間のうちにあるものは現実に存在していなければならないという点は否定されないであろう。(37)

では、ドン・キホーテの冒険において何が現実に存在しているのか。何も。この物語は想像上のものだからだ。セルバンテスがこの物語を作り出したときの彼の心の働き、私がその物語について考えるときの私の心の働き——これらは存在する。しかし、そのときそれらはA系列の一部を形成する。セルバンテスがその物語を作り出したのは過去であり、私がその物語について考えるのは、過去、現在、そしてまた——おそらくはきっと——未来である。(38)

しかし、ドン・キホーテの冒険譚を、子供なら歴史的事実だと信じるかもしれない。そして、読んでいる最中には私でも、想像力の働きによってそれらがあたかも実際に起きたことであるかのように思うかもしれない。その場合、その冒険は現実に存在するものと信じられたり想像されたりしている。しかし、その際には、A系列にあるものと信じられたり想像されたりもしているのだ。それを歴史的事実である子供は、過去に起こったことだと信じるであろうし、私がそれを現実の出来事であると想像する場合にも、過去に起こったこととして想像するだろう。それと同じように、モリスの『ユートピアだより』に記された出来事が現実に存在すると信じたり想像したりする場合には、それが未来に存在すると信じたり想像したりするであろう。

われわれが信念や想像の対象を現在に位置づけるか過去に位置づけるか未来に位置づけるかは、その対象の特性に依存する。しかし、それはA系列のどこかに位置づけられることになる。(39)

それゆえ、この反論に対する応答は、物事が時間のうちにあることとA系列のうちにあることとは同じことである、というものである。もしそれが実際に時間のうちにあるなら、それは実際にA系列のうちにある。もしそれが時間のうちにあると信じられているなら、それはA系列のうちにあると信じられている。もしそれが時間のうちにあると想像されているなら、それはA系列のうちにあると想像されている。(40)

第二の反論は、実在にはいくつかの独立した時間系列があるかもしれない、という可能性に基づくもので、これはブラッドリ氏によって論じられた。ブラッドリ氏にとっては、実際には、時間は見せかけにすぎない。そもそも実在の時間というものはなく、それゆえ、実在の時間系列がいくつかあるということもない。そうではなく、この仮説は、実在の内部にいくつかの独立した時間系列がある、というものである。(41)

私が想像するところでは、この反論は、諸々の時間系列はすべて実在的なのだが、過去・現在・未来の区別は各系列の内部においてしか意味をもたないので、それゆえに究極的に実在するとみなすことはできない、というものである。たとえば、多くの現在があることになるだろう。さて、もちろん、多くの時間点が現在でありうる（各時間系列の各点は一度は現在である）のだが、しかし、それらは継起的に現在であらねばならない。だが、異なる時間系列の諸現在は、同じ時間のうちにないのだから、継起的ではないだろう。（それらは同時的でもないだろう。同時的であるためにもやはり同じ時間内になければならないからだ。それらのあいだにはいかなる時間関係もないであろう。）しかし、異なる諸現在は、もし継起的でないならば、実在的ではありえない。それゆえ、異なる時間系列は、実在的であるとすれば、過去・現在・未来の区別から独立に存在できるのでなければならない。(42)

しかし、私にはこの反論が妥当だとは思えない。もちろん、そのような場合には、どの現在も端的な現在ではないだろう——それは宇宙のある特定の側面の現在でしかないだろう。しかし、そうだとすれば、どの時間も端的な時間ではないだろう——それは宇宙のある特定の側面の時間でしかないだろう。もちろん、それらは実在的な時間系列であろうが、しかし、私には現在が時間よりも実在的でないということが理解

できない。(43)

もちろん私は、いくつかの異なるA系列が存在することに矛盾がない、と主張しているわけでない。私の主要な主張は、いかなるA系列の存在も矛盾を含むというものである。ここで私が主張していることはただ、もし何らかのA系列が存在しうると想定するのであれば、相互に独立したいくつかのそのような系列が存在することには特別の困難はなく、それゆえ、A系列が時間にとって本質的であることといくつかの異なる時間が存在することのあいだに両立不可能性はない、ということにすぎない。(44)

そのうえ、時間系列が複数あるという説は仮説にすぎないことを忘れてはならない。それらの存在を信じるべき理由はこれまでのところまったく与えられていない。言われていることはただ、それらの存在を信じるべきでない理由はなく、それゆえ、それらは存在するかもしれない、ということだけである。しかし、もしそれらが存在することが明白な証拠のある他の何かと両立不可能であれば、それらは存在すると信じるべきでない理由があることになるだろう。さて、これまで私が示そうとしてきたように、A系列は時間にとって本質的であることを信じるべき明白な証拠がある。それゆえに、もしかりに（先に示した理由ゆえに私はこれを否定するのだが）複数の時間系列が存在することがA系列が時間にとって本質的であることと両立不可能であるならば、拒否されるべきなのは複数の時間が存在するという仮説のほうであってA系列にかんするわれわれの結論のほうではない。(45)

私の課題の第二の部分に移ろう。A系列なしに時間はありえないことの証明には成功した、と私には思われるので、次に証明すべきは、A系列は現実に存在することはできず、それゆえ時間は現実に存在することはできない、ということである。時間が実在しうるのは現実に存在することによってだけであることは一般に認められているので、この証明がなされれば、時間はまったく実在しないことになるだろう。(46)

A系列を構成する各項［過去・現在・未来］は出来事がもつ特性である。われわれは出来事について、過去であるか、現在であるか、未来であるか、そのいずれかであると言う。諸時点がそれぞれ独立の実在であると捉えられる場合には、われわれはそれらについても、過去である、現在である、未来である、と言う。それらの特性［過去・現在・未来］は関係であっても性質であってもよい。A系列の各項を出来事のもつ関係であると捉えようと（そのほうがより理にかなった見解だとは思うが）、ある

いは出来事のもつ性質であると捉えようと、私にはどちらにしても矛盾を含むように思われる。(47)

最初に、それらが関係であるという想定のほうを検討しよう。その場合、それぞれの関係の一方の項のみが出来事または時点でありうる。他方の項は、時間系列の外部にある何かでなければならない。* というのも、A系列の関係は変化していく関係だが、時間系列の各項の相互関係は変化しないからである。二つの出来事は、起こる百万年前でも、起こっているときでも、起こってから百万年経っても、相互の相対的な関係としては、時間系列において正確に同じ位置関係にある。時点の相互関係についても同じことがいえる。また、諸時点が、そこで起こる出来事とは別の実在として区別されるべきだとすれば、出来事と時点の関係もまた不変である。それぞれの出来事は、未来においても現在においても過去においても、同じ時点にある。(48)

＊　現在とは何であれそれが現在であると主張する行為と同時に起こっている物事のことであり、未来とは何であれそれは未来であると主張する行為よりも後に起こる物事のことであり、過去とは何であれそれが過去であると主張する行為よりも前に起こった物事のことである、と主張されてきた。しかし、この説では時間がA系列と独立

に存在するということになり、われわれがすでに達した結論とは両立不可能である。A系列を形成する諸関係は、この場合、出来事や時点とそれ自身は時間系列にない何かとの関係でなければならない。この何かが何であるかを語るのは難しいかもしれない。しかし、この点は問題にしないとしても、もっと明白な困難が現れてくる。

(49)

過去・現在・未来は、両立不可能な規定である。すべての出来事はそのうちのどれか一つでなければならないが、いかなる出来事もそのうちの二つ以上であることはできない。このことは、これらのターム・［過去・現在・未来］の意味にとって本質的である。もしそうでなかったなら、A系列はC系列と結合しても時間という結果を産み出しえなかったであろう。というのは、すでに見たように、時間は変化を含んでおり、われわれが手に入れることができる唯一の変化は、未来から現在へ、現在から過去への変化だからである。(50)

それゆえ、これらの［過去・現在・未来という三つの］特性は両立不可能である。しかし、どの出来事もそれらすべてを持つ。もし出来事Mが過去であるなら、それは現在と未来だった。もしそれが未来であるなら、それは現在と過去になるだろう。もしそれが現在であるなら、それは未来だった、そして過去になるだろう。このようにして、それぞれの出来事に、両立不可能なこの三つのタームがすべて述語づけられうる、このことは、明らかに、それら三つのタームが両立不可能であることと不整合であり、それらが変化を産み出すことと不整合である。（51）

　これは簡単に説明がつく、と思われるかもしれない。実のところは、この問題を述べたときに、その述べ方自体がほとんどそのまま説明になっていた。なぜなら、われわれの言語には過去・現在・未来をあらわす動詞の形はあるが、その三つすべてに共通の形はないからだ。したがって答えはこうなるだろう、Mが現在、過去、未来であるというのは決して真でない。[そうではなくて、]Mは現在であり、過去になり、未来だった。かまたは、Mは過去であり、未来と現在だった。かまたは、Mは未来であり、現在と過去になる[の三つのうちのどれかが真である]。過去・現在・未来という特性は同時的であるときにのみ両立不可能なのであって、それらすべてを継起的に持つという事実には、このことと矛盾するような点はまったくない。（52）

　しかし、この説明は悪循環に陥っている。諸時点が過去・現在・未来であるのはどのようにしてかを説明するために、時間の存在が前提されているからである。そうなると、A系列を説明するために時間の存在を前提しなければならないことになる。だが、すでに見たとおり、時間を説明するためにはA系列が前提されねばならないのだ。したがって、A系列を説明するためにA系列が前提されねばならないことになる。これは明らかに悪循環である。(53)

われわれがおこなったことは、以下のようなことであった。私のこの論文の執筆［という出来事］が、過去である、現在である、未来である、という［両立不可能な三つの］特性を持ってしまうという困難に対処しようとして、われわれは、それは現在であり、未来だった、そして過去になるだろう、と言うことにする。しかし、「だった」が「である」から区別されるのは、それが過去に存在するのであって現在に存在するのではない、ということによってであり、また、「になるだろう」がそのどちらからも区別されるのは、未来に存在するということによってである。こうして、われわれの言明は以下のようになる。問題の出来事は、現在において現在であり、過去において未来であり、未来において過去である、と。そして、現在・未来・過去という特性を割り当てるために、現在・過去・未来という特性を基準として使っているならば、そこには明らかに悪循環が存在する。(54)

この困難は別の仕方であらわすこともでき、その場合、その誤りは悪循環としてではなく悪しき無限系列として現れることになる。三つの特性の両立不可能性を避けようとして、Mは現在であり、未来だった、そして過去になるだろう、と主張するならば、第二のA系列が構築されていることになり、諸々の出来事が第一のA系列のうちに収まるのと同じように、その第二のA系列のうちに最初のA系列が収まることになる。時間の中に時間があるという主張に何らかの理解可能な意味が与えられうるかどうか、それが疑われてもよい。しかし、いずれにせよ、第二のA系列には第一のA系列と同じ困難が待ち受けており、この困難を取り除くためには、それは第三のA系列のうちに置かれるほかはない。同じ原理によって、第三のA系列もまた第四のA系列のうちに置かれることになり、以下、それが終わりなく続くことになる。矛盾は取り除くことができない。説明されるべきものから矛盾を取り除くというその行為によって、説明のうちにふたたび矛盾が作り出されてしまうからである。それゆえ、その説明は妥当でない。(55)

それゆえ、A系列が諸関係からなる系列として捉えられたとき、A系列が実在について主張されるならば矛盾が生じることになる。A系列は諸性質からなる系列としても捉えることができ、そうすると、よりよい結果が得られるだろうか。三つの性質――未来性、現在性、過去性――があって、諸々の出来事は第一の性質から第二の性質へ、第二の性質から第三の性質へ、と絶えず変化しつづけているのだろうか。(56)

A系列の変化は性質の変化である、という見解を擁護して言えることは、私にはほとんどないように思える。たしかに、経験Mの予期、その経験そのもの、その経験の記憶は、異なった性質をもつ三つの状態である。しかし、これらの三つの異なる諸性質をもつのは、未来のM、現在のM、過去のMではない。その三つの異なる性質をもつのは、三つの異なる出来事――Mの予期、Mの経験そのもの、Mの記憶――なのであり、そのそれぞれが、順番に、未来・現在・過去となるのである。それゆえ、これはA系列の変化は性質の変化であるという見解に対していかなる支えも与えない。(57)

しかし、この問題を深く追求する必要はない。もしA系列の諸特性が諸性質であったとしても、関係であった場合と同じ困難が持ち上がるだろう。関係であった場合と同様、A系列の三つの特性はやはり両立不可能であり、関係であった場合と同様、やはりどんな出来事もそのすべてを持つからである。この困難は、関係の場合と同様、それぞれの出来事はそれら三つの性質を継起的に持つのだ、と言うことによってのみ説明されうる。このようにして、関係である場合と同じ誤謬が犯されることになるわけである。*（58）

* 時間を空間的運動のメタファーで表現することはありふれたことである。しかし、それは過去から未来への運動なのだろうか、それとも未来から過去への運動なのだろうか。もしA系列が性質の一つとして捉えられるならば、それは過去から未来への運動として捉えられるだろう。現在であるという性質は、当然、かつては過去の状態に属しており、これから未来の状態に属することになるのだから。もしA系列が関係の一つとして捉えられるならば、どちらの方向への運動と捉えることも可能となる。関係する二つの項のどちらも動く項として捉えることができるからである。現在という固定点を経由して出来事が動いていくと捉えられるならば、その運動は未来から過去へであることになる。未来の出来事はその固定点をまだ通り過ぎていない出来事であり、過去の出来事はもう通り過ぎた出来事であるからだ。もし現在であることのほうが出来事系列上のそれぞれの出来事に次々と関係づけられていく動く点として捉えられるならば、運動は過去から未来へであることになる。というわけで、われわ

れは、出来事は未来から到来すると言うのに、われわれ自身は未来へ向かって動いていくと言う。というのは、現在だけが直接経験できる唯一のものであるがゆえに、各人は自分自身を、特に自分の現在の状態——自分の未来や過去と対比されたものとしての——と同一視しているからである。それゆえ自己は、およそ動くものとして表象される場合には、出来事の流れに沿って過去から未来へと現在という点とともに動いている、と表象されることになる。

ここでわれわれが到達した結論はこうである。A系列を実在に適用することは矛盾を含んでおり、したがって、A系列は実在にはあてはまりえない。そして、時間はA系列を含んでいるのだから、時間は実在にあてはまりえない。われわれが何かを時間のうちに存在していると判断するとき、われわれはつねに間違いを犯しているわけである。また、われわれが何かを時間のうちに存在していると知覚するとき——それはわれわれがおよそ物事を知覚する唯一の仕方ではあるが——、われわれはつねに多かれ少なかれそれが実在するあり方とは異なるあり方でそれを知覚しているわけである。(59)

ありうべき反論について考えておかねばならない。こう言われるかもしれない。あなたが時間を拒否する根拠は、時間を前提することなしには時間は説明できない、ということである。しかし、そのことは、時間が妥当でないことではなく、むしろ時間が究極的であることを証明しているとはいえまいか。たとえば、善や真を説明することは、説明の一部として説明すべきタームを持ち込まないかぎり不可能であり、それゆえにその説明は妥当でないとして拒否される。しかし、だからといって、その概念は誤りとして拒否されるのではなく、説明を許さないがそれを要求もしない究極的な何かとして受け入れられている。(60)

しかし、この議論はこの場合にはあてはまらない。妥当な説明を許さないにもかかわらず、実在に妥当するような観念はありうるかもしれない。だが、もしある観念の実在への適用が矛盾を含むなら、その観念が実在に妥当することはありえない。ところで、そうした矛盾が時間の場合にはあること——A系列の三つの特性は相互に両立不可能であるにもかかわらず、どの出来事にもそのすべてがあてはまること——を指摘することから、われわれは出発したのである。この矛盾が除去されないかぎり、時間の観念は妥当でないとして拒否されねばならない。この矛盾を除去するために、三つの特性は出来事に継起的に帰属するという説明が提案されたのであった。その説明が循環に陥って失敗したとき、矛盾は除去されないままとなり、時間の観念は拒否されねばならなくなった。説明されえないからではなく、矛盾が除去できないからである。(61)

ここまでに語ってきたことは、もし妥当であれば、時間を拒否するのに十分な根拠となる。しかし、さらに別の考察を付加することもできる。見てきたように、時間はA系列と運命を共にしている。ところで、A系列を実在に適用するに際して発見された矛盾を無視したとしても、A系列が実在に妥当すると想定すべき積極的な理由が何かあったであろうか。(62)

なぜわれわれは、諸々の出来事は過去・現在・未来に区別されるはずだ、と信じているのだろうか。私の考えでは、その信念はわれわれの経験における区別から生じている。(63)

私が何かを知覚する際にはつねに、私はまた他の何らかの知覚を記憶してもおり、また、他の何らかの知覚を予期してもいる。直接的な知覚それ自体は、知覚の記憶や予期とは質的に異なった心的状態である。このことに基づいて、こういう信念が生じる。知覚それ自体は、私が知覚する際に、ある特定の特性を持っているのだが、その特性は、私がその知覚を記憶したり予期したりする際には、他の特性に置き換えられるのであって、それらの諸特性が、現在性・過去性・未来性と呼ばれる、という信念である。これらの三つの特性の観念を得てから、われわれはそれを他の出来事にも適用するのである。私がいま持っている直接的な知覚と同時的なあらゆることが現在と呼ばれ、たとえだれもまったく直接的に知覚していなくとも現在は存在する、とさえ考えられるようになる。同じように、記憶された知覚や予期された知覚と同時的な諸活動もまた過去または未来と捉えられ、これがさらには、私がいま記憶したり予期したりしているどんな知覚とも同時的ではない出来事へも拡張されていく。しかし、この区別全体をわれわれが信じるに到った起源は、知覚と知覚の記憶や予期との区別にある。(64)

直接的な知覚は、私がそれを持つとき、現在であり、それと同時的なものも現在である。まず最初に、この定義には循環が含まれている。「私がそれを持つとき」という言葉は「それが現在であるとき」を意味するほかはないからだ。しかし、この言葉が取り除かれてしまえば、この定義は偽となる。というのは、私は多くの直接的知覚を持つが、それは異なる時点においてであり、したがって、継起的にでなければ、すべてが現在であることはできないからである。しかし、これはA系列の根本的矛盾であって、それについてはすでに考察した。ここで考察したいのは別の論点である。(65)

私がいま経験している直接的知覚は、いま私の「見かけの現在」の範囲内にある知覚である。その範囲外にあるものについては、記憶か予期しか持てない。ところで、「見かけの現在」は状況によってその長さを変えるので、同時点にいる二人の人物にとっても異なっていることがありうる。出来事Mは、人物Xの知覚Qと人物Yの知覚Rの双方と同時でありうる。ある時点で、知覚Qは人物Xの見かけの現在の部分ではなくなったかもしれない。それゆえ、出来事Mは、その時点で過去になるだろう。しかし、同じ時点において、知覚Rはなおも人物Yの見かけの現在の部分でありうる。それゆえ、出来事Mは、それが過去であるのと同じ時点において現在でもあることになる。(66)

これは不可能である。たしかに、もしA系列が純粋に主観的な何かであれば、何の困難もなかろう。出来事MはXにとっては快楽だがYにとっては苦痛である、と言うことができるように、出来事MはXにとっては過去だがYにとっては現在である、と言うことができるだろう。しかし、われわれが考察しているのは、時間を実在するものとして、すなわち、実在それ自体に属しており、実在についてのわれわれの信念にのみ属しているのではない何かとして、捉える試みなのであって、そうでありうるのはただ、A系列もまた実在それ自体にあてはまる場合だけである。そして、もしA系列もまた実在それ自体にあてはまるならば、どの時点においても、出来事Mは現在か過去でなければならず、その両方であることはできない。(67)

それゆえ、諸々の出来事が実在的にそこを通過していく現在は、見かけの現在と同時的であるとは決定されえない。それ［実在的な現在］は、究極的な事実として固定的な持続を持たねばならない。すべての見かけの現在が同じ持続を持つわけではないのだから、この固定的な持続がすべての見かけの現在の持続と同じであることはありえない。それゆえ、ある出来事は、私がそれを現在として経験しているときに過去であるかもしれず、過去として経験しているときに現在であるかもしれない。客観的現在の持続は千分の一秒かもしれない。あるいは、それは一世紀の長さであって、ジョージ四世の即位とエドワード七世の即位が同じ現在の一部を形成しているのかもしれない。われわれが現在であると気づくことができず、またわれわれが現在であると気

づいているものとは何の関係もない、このような現在の存在を信じるべきいかなる理由がありえようか。(68)

もし、こうした困難から逃れようとして、時に考えられたように、A系列の現在は幅のある持続ではなく、未来と過去とを分かつ点にすぎない、という見解をとったとしても、また別の深刻な困難が待ち受けている。その場合、出来事が存在している客観的時間は、われわれがその出来事を知覚する時間とはまったく別の何かであることになるからである。われわれが出来事を知覚する時間は、さまざまな幅に持続する現在を含んでおり、それゆえに、未来と過去とともに、三つの持続に分割される。客観的時間には、現在によって分割された二つの持続しかなく、この現在は、持続ではなく点なのであるから、経験の現在とは名前以外に共通性はない。このような時間の存在を信ずべき理由となる何かが、われわれの経験の内に、ほんの少しでもあるだろうか。(69)

そうだとすれば、時間の実在性を否定することは、結局のところ、それほど逆説的なことでないように思えるだろう。それが逆説的であると言われたのは、われわれの経験とひどく矛盾しているように見えたからであり、一見実在についての知識を与えてくれるように思えるきわめて多くのものを錯覚とみなすように強いるように見えたからであった。しかし、今やわかったことは、その内にわれわれが経験する実在が存在するような実在的時間がたとえあったとしても、われわれの時間経験は現実に見かけの現在を中心に成り立っている以上やはり錯覚であることになる、ということなのである。われわれが経験する見かけの現在は、人によってさまざまに異なっているので、経験される出来事の現在とは対応しえない。したがって、われわれが経験する過去や未来も、経験される出来事の過去や未来とは対応しえない。時間を実在するものとみなそうと、実在しないものとみなそうと、どちらの仮説に立っても、あらゆるものは見かけの現在において経験されるのだが、いかなるものも、経験それ自体でさえも、決して見かけの現在において存在することはできないのだ。そして、その場合、あらゆるものが何かまったく異なる現在を通り過ぎるという場合よりも、いかなるものもおよそ現在にあることはないのだという場合のほうが、経験をはるかに錯覚の度合いの大きいものとして扱っていることになるとは私は思わない。(70)

そこで、われわれの結論は、全体としての時間も、A系列やB系列も、実在しない、ということになる。しかし、この結論はC系列が実在する可能性を残している。

A系列はその不整合ゆえに拒否された。その拒否はB系列の拒否を含んでいた。しかし、C系列にはそのような矛盾は見出されておらず、また、A系列の非妥当性からC系列の非妥当性は帰結しない。(71)

それゆえ、時間系列における出来事として知覚される諸実在は、実のところは非時間的系列を形成している、ということもありうる。また、ここまでの議論の限りでは、その諸実在はそのような非時間的系列も形成してはおらず、実のところは時間的でないのと同様にまた系列でもない、ということもありうることではある。ここでこの問題に立ち入る余裕はないが、諸実在は実はC系列を形成しているという前者の見解のほうが蓋然性が高い、と私は思う。(72)

かりにそれが正しいとすると、われわれがそれらの諸実在を時間内の出来事として知覚することのうちには、誤謬だけでなく真理も含まれているということが、そこから帰結するだろう。時間という見せかけの形式を通して、われわれは諸実在の間の真の関係の一端を捉えるわけである。出来事Mと出来事Nが同時的であると言われる場合、その二つが時間系列において同じ位置を占めている、と言われている。そして、そこにはいくばくかの真実がある。われわれが出来事Mと出来事Nとして知覚する実

在は、時間的な系列ではないにしても、ある系列において実際に同じ位置を占めているからである。(73)

また、出来事M、N、Oは、どれも異なる時点に、そしてこの順序で起こる、と主張するとき、われわれは、それらの出来事は、時間系列において異なる位置を占めており、Nの位置はMとOの間にある、と主張している。そして、われわれがそれらの出来事として見ている諸実在は、時間的な系列ではないにしても、ある系列の内にあって、その系列におけるそれらの位置は異なっており、出来事Nとして知覚される実在の位置は、出来事Mと出来事Oとして知覚される実在の位置の間にある、これらのことは真であろう。(74)

この見解が採用されるなら、その結果は、カントの到達地点よりもヘーゲルの到達地点にはるかに近づく。ヘーゲルは、時間系列における順序には無時間的実在が実在的本性において持っている何かが反映されている——歪んだ反映であるにせよ——とみなしたのに対して、カントは、仮想体《ヌーメノン》が実在的本性において持っている何かが現象として現れる時間順序に対応するなどという可能性を考えたとは思えないからである。(75)

しかし、そのような客観的C系列が現実に存在するか否かの問題は、今後の議論に委ねられねばならない。また、時間の実在性が否定されたなら不可避的に持ち上がる他の多くの問題も、われわれに重くのしかかってくる。もしそのようなC系列が存在するなら、C系列における諸々の位置は単純に究極的な事実なのか。それとも、そうした諸々の位置は、それらすべてに共通する何らかの性質の総量が、それらの位置を占める諸対象においてどのように変化するか、によって決定されるのであろうか。そうだとすれば、その性質とは何か。その総量が多いほど物事はより後に現れるよう決定され、その総量が少ないほどより前に現れるよう決定されるのだろうか、あるいはその逆だろうか。宇宙に対するわれわれの希望や恐怖が確証されるか拒否されるかは、これらの問題の解決にかかっているかもしれない。(76)

そしてまた、時間における諸現象の系列は、その長さにおいては有限なのか無限なのか。その現象それ自体をどのように扱うべきか。もし時間や変化が現象に還元されるなら、時間の内にあって変化する現象に還元されねばならないのではあるまいか、そして、その場合、時間は結局のところ実在することが示されるのではあるまいか。これはたしかに重大な問題であるが、私は今後、これには満足のいく仕方で答えられ

るということを示したく思っている。(77)

第二部　注解と論評

第一章　A系列なしには時間はありえない

一－1　時間は実在しないという説

（1）**要約**　時間は実在しないという主張はきわめて逆説的に見えるが人々を著しく魅了してきた。

（2）**要約**　さまざまな地域と時代に、この説が繰り返されてきた。

（3）**要約**　私も時間は実在しないと思っているが、理由は違うので説明する。

一-2　A系列とB系列の区別

(4) 要約　時間上の位置の区別の仕方には二種類ある。1、より前とより後。2、過去、現在、未来。1は永続的で、2は変化する。

注解と論評　ここで、後にA系列とB系列と呼ばれる、二種類の時点の区別の仕方が導入される。先に登場する1の「より前である、より後である」のほうがB系列で、後に登場する2の「過去である、現在である、未来である」のほうがA系列である。この区別自体は、読めばだれでもわかるような明快なものであるといえる。より前とより後は、どの時点をとっても、その時点にとってのより前とより後というものがあって、たとえば東日本大震災の発生時点にとっても、二一世紀になる瞬間にとっても、それより前とそれより後というものがある。しかし、ここで規定されている意味においては、それらにとっての過去や未来というものはない。言い換えれば、そういう相対的な（想定上の）過去や未来ではない、端的な、それ自体としての過去や未来というものがあって、それしかないのだ。たとえば、東日本大震災の発生時点は端的に過去であり、二二世紀になる瞬間は端的に未来である。いつにとってかと問われるなら、端的な現在にとってである。かりにある時点を現在と見なした場合の意味での現在にとってではなく、端的な現実の現在にとってである。過去と現在と未来には、どの時点をとっても、その時点にとっての過去や現在や未来がある、というような相対的なものではなく、そういう相対的な関係には尽きない、絶対的な過去や現在や未来というものが存在するわけである。

マクタガートは言っていないが、B系列には「より前である、より後である」以外に「同時である」が含められることが多い。そうすると、「より前である、同時である、より後である」と「過去である、現在である、未来である」とがきれいに対応することになる。しかし、この解釈は（広く認められたものではあるが）複数の出来事の関係であることをB系列の本質的特徴とみなすものであるので、私見では必ずしも正しいとは言えない。（その理由についてはすぐ後に論じる。）

そして後半では、その二つのもつ性質の違いとして、永続的（permanent）であるか否か、逆に言えば、変化するかしないか、ということが挙げられている。これも、一読しただけならば、だれでもわかる明快なものだといえるだろう。たしかに、たとえば、桜田門外の変の時点は坂下門外の変の時点よりも前であって、二者間のこの相対的関係が時間の経過によって変化することはない。しかし、単独で捉えられた桜田門外の変は、今、過去であるが、それは現在だったのであり、さらに未来だったのである。すなわち、その出来事のもつ、未来である、現在である、過去である、という性質は、時間の経過によって、変化する。

しかし、この議論にはじつは多くの問題が含まれている。思いつくままにいくつか提示しておく。

①まずは、A系列とB系列の分類の仕方について。ここでは、最初に、ある時点が他の時点との相対的な関係であるか、それとも、ある時点が単独にもつ特性であるか、という分類基準が提示され、次にそれが、永続的であるか変化するか、という基準に重ねられている。しかし、この重ね合わせには疑問がある。

たとえば、単独に捉えられた桜田門外の変であっても、その時点をかりに（つまり想定上）現在と置いて、それにとっての過去と未来というものを考えてみれば、それらはつまりより前とより後のことになって、変化しない（永続的である）ともいえる。言い方を換えれば、現在というものの実際の動きは捨象して、その動きの向きだけを抽象して残し、ある時点にとっての過去方向と未来方向というものだけを考えてみるなら、それはより前とより後と同じものになって、変化しない（永続的である）。このことは対象とされた出来事（あるいは時点）が単一であるか複数であるかには関係ない。

したがってまた、逆に、桜田門外の変と坂下門外の変との二項関係であっても、その関係には必ず「変化」が含まれている。まず、両者とも未来である状態があり、次に、桜田門外の変が現在で坂下門外の変が未来である状態が実現し、その次に、桜田門外の変が過去で坂下門外の変が未来である状態が実現し、その次に、桜田門外の変が過去で坂下門外の変が現在である状態が実現し、最後に、両方とも過去である状態が実現する。このような変化が起こる（それが起こるのがいつであれ）ということこそが、桜田門外の変が坂下門外の変より前である（坂下門外の変が桜田門外の変より後である）ということの意味であり、二者の関係が「変化しない」ということの正体であろう。つまり、そこにはA系列的変化が内在しているといえる。

②また、単一にせよ二者関係にせよ、いずれにしてもこの変化が現に起こっているか否かは、それが変化であるか否かとは関係ない。このことはつまり、この「変化」概

念の内に登場する「現在」は、「未来－現在－過去」という関係概念の一部としての「現在」であって、現に現在であるか否かという問題とはじつは関係ない、という意味である。(現に、という観点から見れば、桜田門外の変も坂下門外の変もどちらももちろん過去である。)

③後にも論じる問題ではあるが、「ある出来事が今、現在であるとすれば、それは未来だったのであり、過去になるだろう」という言い回しについても、あらかじめ少し考えておきたい。

まず、「今、現在である」とはどういうことだろうか。私がこの文を書いている時点は、過去において未来(未来だった)で、未来において過去(過去になるだろう)であろうが、現在であるのは今(現在)においてではなく、端的にであるように思われる。

たしかに、「今、現在である」(すなわち「今は現在である」)のようなある種の相対化が必要とされる場合はあるだろう。たとえば、これを読んでいる人にとって、(私がこの文を書いている)この現在はもはや現在ではないであろうから、私はこの現在のことを語るのに、ただ単に「現在である」と言うのではなく、「今、現在である」と言わねばならない、と。前者の「今」は私が体験している端的なこの現在を指しており、後者の「現在」は一般的な（いろいろな時に成立する）「現在的なあり方」という状態をあらわしている。過去にも、現在にも、未来にも、それぞれに「現在的なあり方」というものがあると考えるなら、この言い方は不自然ではない。

　私がこの文を書きながら、私が「私がこの文を書きながら……」というこの文を書くという出来事は「今（は）、現在である」と思うとき、私は何を言っているのだろうか。こう言っていることになるだろう。「現在的なあり方」は年表のような時間直線上をつねに移動しつづけているのだが、その動く現在が、今は「私がこの文を書きながら……」という文を書くという出来事のところに来ている、と。（見方を逆にして、現在を静止させ、出来事系列のほうが（中心に「現在的なあり方」という特殊な位置が存在する）A系列の上を動いている、という見方を取った場合には、「私がこの文を書きながら……」というその文を書くという動く出来事は、「今（は）」、その「現在」という特殊な位置にやって来ている、と言っていることになる。）

　相対的な捉え方をするということは、（これからの展開を先取りして言えば、）端的なこの現在といえども、未来に実現する別の現在からは「お前なんてもう過去だよ」

と言われることをすでに予想している、ということである。それがすなわち「未来において過去（過去になるだろう）」という表現の意味であることになる。もちろん、過去において実現していたまた別の現在からは、「お前なんてまだ未来だよ」と言われていたことを覚えている、ということでもある。それがすなわち、「過去において未来（未来だった）」である。

もし、そのような現在の相対化を認めなければ、つまり、現在とは端的なこの現在だけだ（その他は過去か未来である）とあくまでも主張するのであれば、「過去においてて未来である（未来だった）」ことも、「未来において過去である（過去になるだろう）」ことも、もちろんありえないことになる。過去も未来も現在ではないのだから、現在の出来事は、過去においては「より後」であり、未来においては『より前』であることしかできないことになるのだ。

④相対化しないと言っても、相対化されないその当のものが動く、というのが時間というものではないのか。だからこそ、どの時点にも絶対的な現在というものがあるわけで、このことは現在が相対化されているということではないだろうか。相対化とは、どの時点もそれぞれ現在で、そのどれもがそれぞれ過去においては未来で未来に

おいては過去だ、ということだろうが、そうではなく、一時点しか端的な現在はないのだが、その端的な現在が移動する、ということもまた一種の相対化だといえるのではないか。

この点が、人称（person）における〈私〉の存在の問題とはまったく違うところである。この世界に、ただひとり現実にその眼から世界が見えており、現実に殴られると痛い端的な〈私〉というものが存在するなら、それは決して人を変えたりはしない。他者たちもそれぞれ「現実に」その眼から世界が見えている端的な〈私〉であると言っても、それは決して本当の現実ではなく概念的な理解を超えることがないのだ。だから、彼らはいつまでたってもただの人にすぎない。対して、〈現在〉は時点を変え、出来事を変える。〈私〉は、対象として見ていたその他人になってしまうなどということは決して起こらないが、〈今〉は、対象として見ていた未来の時点や出来事に、現実になってしまうということが起こるのだ。対象（客体）として見ていたものがいつの間にか主体となっており、主体だったものがいつの間にか対象（客体）になっているということが、繰り返し繰り返し起こるのである。

結果的に、いつでも端的な現在であることになるだろう。そう考えても、このような動きを考慮に入れなかった場合と同じ問題が形を変えて持ち上がることになる。この場合の対立は、この動く端的な現在と、その経路のうちの一つである端的に端的な現在とのあいだにあることになるだろう。

しかし、話が複雑になって申し訳ないが（この段落は最初に読んでも意味がわからないかもしれないので、飛ばして後から読んでいただいてもかまわない）、じつをいえば、その動く端的な現在自体もまた相対化されうる。端的に端的な現在がその端的さを外されて相対化されうるのは当然として、この動く端的な現在のほうもまたその端的さを外されて相対化されうるのだ。唯一の、動く端的な現在が相対化されて、その動き自体がいつでもどこにでもあるものとなると、そこに概念的で普遍的な〈A変化＝B関係〉ができあがることになるだろう。この現在も動いてはいるのだが、いつでもどこでも動いているので、結果的に、抽象的な方向性だけあって動かないのと同じことになるわけである。

⑤A変化＝B関係と「＝」で結んだが、概念的にはやはりこの二つは違っていて、その違いをこう考えてみることもできるだろう。たしかに現在は「未来においては過去である」。しかし、それなら、あらゆる時点はその時点においては現在なのだから、

あらゆる時点は「未来においては過去である」ともいえるのではないか。しかし、マクタガートの意味ではそうではないだろう。後者は、正しくは「あらゆる時点はより後においてはより前である」であり、もっとくわしく言えば、「あらゆる時点はその時点より後の時点においてはその時点より前の時点である」となるはずだ。これは完全な一般論であり、どこを取っても成り立つ金太郎飴構造であり、B関係である。これに対して、前者の「現在は未来においては過去である」のほうは現在についてしか言えない。たとえば、二一世紀になった瞬間にかんしては、これは言えない。なぜなら、それは現在ではないからだ。それでも、かりにそこを現在とみなせば、その現在にとっての未来においては過去である、とはいえる。重要な違いは、その場合、他の時点は現在ではなくなっている、という点にある。これはA変化である。しかし、現実の端的なA事実とは独立のA変化なので、実質的にはB関係と同じことを表すことになるわけである。

⑥相対化をめぐるこの対立の根底には、じつはもっと根源的な問題も隠れている。

そもそも時点Mが現在であるのはいつだろうか。この問いには、「時点Mにおいて」という答えと、「時点Mが現在である時点において」という答えが、ありうる。

時点Mには、それが未来である時やそれが過去である時もあるのだから、ただたんに「時点Mにおいて」と言われても、それだけでは（それが現在であるという条件を加えなければ）現在にならない、といえるからだ。もしそうだとすれば、たんに「時点Mにおいて」では足りず、どうしても「時点Mが現在である時点において」と言わざるをえないことになるだろう。しかし、それは言えない。時点Mが現在である時点とは、すなわち時点Mのことにほかならない、といわざるをえないからである。

これは、永井均が私である人とはすなわち永井均のことにほかならない、といわざるをえないのと同じことである。私が、たんに永井均のことを言っているのではなく、そいつが私であるという（特殊な）あり方をしていることを問題にしているのだ、とどれほど力んで言ってみたところで、人々はそう永井均が言っている、としか理解しないだろう。「時点Mが現在である時において」も同じことだ。それは、それ以外の時点から見れば、「時点Mにおいて」と同じことであるにすぎない。『時点Mが現在である時』などというものは、その外部から見れば、そもそも存在しないのである。逆に、「時点M」にすでにその意味が含まれている、と言っても同じことである。

ウィトゲンシュタインは、他の時点ではなく時点M（だけ）が現在であるという事実を、他の時点たちに向かって語ろうとする、というようなことを、「急いでいるときクルマの後部座席から前の座席を押したくなる」ことに喩えた。だが、この比喩は正鵠を射ていない。なぜなら、この場合、前の座席を押すことでこのクルマは動きはする（むしろ通常はそうやって動かしてはいる）からだ。ただそういう動かし方で動かしているという事実は、その外部に伝わらないから、なかったことにされるだけである。これが、「語りえない」ということの真の意味である。（この点について詳しくは、まずは付論Ⅱ－2「比喩的説明」の中の「口」にかんする議論とそれに続く議論を、次いでⅡ－3「端的な現在は語りうるか」の当該箇所の議論を、参照されたい。）

（5）要約　A系列はB系列よりも基本的である。A系列が時間にとって本質的であるからこそ、時間は実在しないことになる。

注解と論評　この点についての議論は、これから展開される。

（6）要約　A系列、B系列、出来事、時点という用語が導入される。

注解と論評　ここで、A系列を「遠い過去から近い過去を経て現在へと、そして現在から近い未来を経て遠い未来へと連なる位置の系列」と表現しているが、これには問題がある。A系列は、厳密にいえば、「過去から現在へと、そして現在から未来へと連なる位置の系列」であって、「遠い過去から近い過去を経て」や「近い未来を経て遠い未来へと」という要素は、厳密な意味でのA系列ではない、ともいえるからだ。「遠い過去」と「近い過去」の違い、「近い未来」と「遠い未来」の違いは、過去と未来の違いではないから、B系列であるとも言えそうに思えるだろう。

しかし、これをB系列とみなすことはできない。なぜなら、「遠い」「近い」は、「より前」「より後」のような中心を欠く金太郎飴的な捉え方と違って、あくまでも端的な現在を中心にした（非金太郎飴的な）捉え方だからである。もしB系列であるとしたら、「遠い過去」と「近い過去」の場合は、より前が遠くてより後が近いのに、「近い未来」と「遠い未来」の場合は、より前が近くてより後が遠い、という食い違いが説明できない。

同じ理由によって、これを相対化されたA系列とみなすこともまたできない。「遠い過去」と「近い過去」の関係、「近い未来」と「遠い未来」との関係を、それぞれその真ん中に想定上の現在を置いたときの過去と未来であるとみなすことはできないからだ。もしそうであるなら、「遠い過去」と「近い過去」の場合は過去が遠くて未来が近いのに、「近い未来」と「遠い未来」の場合は過去が近くて未来が遠いという食い違いが説明できない。

一―3　A系列の不可欠性

（7）**要約**　われわれの経験の構造から、少なくともわれわれにとっては（B系列とならんで）A系列が不可欠である。

注解と論評　ここでは、冒頭で問われた、A系列をなすことが時間の実在性にとって本質的かどうか、という問いには答えられておらず、また逆に、B系列のほうが不可欠かどうかという問いは論じられていない。

（8）**要約**　A系列はわれわれの心の錯覚にすぎず、時間の実在的な本性はB系列であるかもしれない。

注解と論評　しかし、むしろB系列のほうがわれわれの心が作り出したものにすぎず、時間の実在的な本性は端的なA系列である、という可能性も考えられるだろう。人間以外の動物は、もっぱらA系列時間を生きており、時間をB系列的に捉えるという発想を持ちえない、と想定することができる。現在と関係づけられていない二つの時点のあいだの前後関係を考えるとき、それはもう実在する時間そのものについてではなく、そこからの（人間理性に固有の抽象力による）概念的構築物について考えている、という可能性はじゅうぶんにありうることだと思われる。

注解と論評

（9）要約　（8）で述べられた見解は維持できないものである。

とはいえ、（8）で述べられていたのは「A系列はわれわれの心の錯覚にすぎない」という見解であり、この見解は（7）の「少なくともわれわれにとってはA系列が不可欠である」という「主観的」と取れる主張を受けて、そこからなされた懐疑なのであるから、この見解が維持できないことの理由が「A系列は時間の本性にとって本質的である」からだ、というのは論点先取である、とも受け取れよう。マクタガートは「A系列は時間の本性にとって本質的である」ということを（まさにその（7）における「主観的」な議論以外には）どこでも論証していないからである。

そう解釈したならば、「A系列を実在するとみなすことの困難は、時間を実在するとみなすことの困難に等しい」という点も、それはまさにこれから論じられることであって、ここでその結論だけを先に言われても何の助けにもならない、と思われもしよう。

マクタガートの論じ方が明快でないことは確かだが、それでも、「A系列は時間の本性にとって本質的であって、A系列を実在するとみなすことの困難は、時間を実在するとみなすことの困難に等しい」という個所を一貫した議論として解釈することによって、彼の議論を好意的に解釈する道筋は存在する。彼はこう言っていると解釈すべきであろう。「A系列は時間の本質そのものなのだから、時間のA系列的なあり方だけが錯覚であるなどということはありえない。もしA系列が主観的な錯覚であって実在しないのであれば、それはそのままA系列を本質とする時間そのものが実在しないということなのだ」と。もちろん、このことはこの段階で論証されているわけではない。この論文全体がその論証だとみなすべきであろう。

ただしこの解釈は、たとえ解釈として正しかったとしても、議論として正しいかどうかはなお疑問が残る。マクタガートがA系列をその本質とする時間の非実在性を主張するのは、A系列に矛盾があるからであって、それが主観的な錯覚だからではないからである。A系列を本質とする時間が彼の言う意味で実在しないとしても、A系列が主観的な錯覚である（という意味で実在しない）かどうかは、それとはまた別の問題であって、なお独立に論じる価値があるだろう。

しつこいようだが（実際にしつこいが）、それでもなおマクタガートをさらに擁護することはできる。矛盾に基づく非実在性の論証は主観性に基づくそれよりも遥かに射程が広いので、前者が言えれば後者は言い立てるに値しない些事にすぎない、とは確かにいえるからである。「恒常的な錯覚」であるというだけのことなら、そういうものとして実在しているともいえるだろう。むしろそうでさえありえないと彼は論じるわけである。さらに、そこからもう一歩進めるなら、（これはマクタガートが言っていない純粋に私の考えだが）そもそも主観的であるがゆえに実在しないといえる根拠はどこにあるのかといえば、それは「主観」という概念にはじつは矛盾が（それもマクタガートがA系列に――つまりは「現在」という概念に――含まれていると主張するのと同型の矛盾が）含まれているからであるともいえるだろう。これは私自身の見解にすぎないとはいえ、マクタガートの議論の意義と射程の広さを示すことになるので、あえてしつこく言及してみた。

（10）**要約**　変化なしに時間はない。

注解と論評　時間が経過したにもかかわらず何かあるものが変化しないとは、他のものが変化しているあいだにそのものは変化しないという意味でしかありえない、と言われている。他のものが変化していなければ、およそ時間が経過したとはいえないからである。しかし、何も変化せずにただ時間だけが経過することが不可能かといえば、必ずしもそうはいえないだろう。たしかに、われわれはただ何ものか（自分の意識を含めて）の変化によってのみ時間の存在を感知するしかない。とはいえしかし、ひとたび時間の存在を認めたならば、それは変化とは独立に存在するものとして認められたことになる、とも言えるからである。

そもそも「変化」とは何か。時間的な「変化」とは、現在という場に何かが現れては消えていくことなのだ、という時間像がある。だとすると、その「現在という場」それ自体は、（そこでの何かの生滅とは独立に）時間的に持続していることになる。するとと現在の「現在という場」のほかに過去の「現在という場」や未来の「現在という場」があることにならざるをえない。つまり、じつは現在という場それ自体も、現れては消えていっていることになる。しかし、それはいったいどこに現れ、どこから消えていくのだろうか。このことを、逆に、現在という場の側が出来事系列の上を動いていくという表象のしかたで表現するなら、こうなるだろう。その動く現在という場それ自体は、動きながらもいつも現在という場である。すると現在という場が現在において存在している位置のほかに過去において存在していた位置や未来において存在している位置があることになる。つまり、じつは現在という場それ自体も、現在であったりなかったりすることになる。では、あったりなかったりするほうのその現在とは何か。それと「動く現在という場」との関係はどうなっているのか。

ともあれ、時間的な変化（時間が経過するということ）を、現在という場における出来事の生滅や、現在という場の出来事系列上の移動としてではなく、その現在という場の持続そのもの（あるいはその移動そのもの）と見る見方を受け入れることは、ひとたび時間そのものの存在を認めてしまった以上は、可能であるばかりでなく、ある意味ではやはり不可避である。さてしかし、それはA系列であろうか。現在という場に（そこに何が起こるかとは別に）新たな現在が到来しては消えていくそのこと自体はA系列であろうか。いや、この「変化」こそが究極的なA系列なのだ、と見る見方を無碍に否定することはできない。

（11）**要約**　変化なしには時間はありえないのだから、もしA系列なしに時間がありうるとすれば、A系列なしに変化もまたありうるはずである。しかし、過去・現在・未来の区別がなければ、変化はありえない。

注解と論評　ここでの新たな論点は、過去・現在・未来の区別なしには変化はありえない、という点である。ところで、たとえば、二〇〇九年九月十六日に政権が自民党政権から民主党政権に変わった。これはすでに全体として過去の出来事である（その民主党政権もすでに終わっている）から、過去・現在・未来というA系列の区別とは無関係であり、ただ（過去の内部で）自民党政権がより前であり民主党政権がより後であるというB系列的区別があるだけだ、といえるのであろうか。もしそういえるのだとすれば、変化といえるのは今現に起きている変化だけである、ということになるだろう。現在はここにあるこの一つしかない（その他はみな過去か未来である）のだからそれは自明なことだ、ともいえるだろう。

しかし、それはおかしなことだ、ともいえる。たしかに現に起きている変化はそれしかないかもしれないが、現に起きてはいない（すなわち、すでに起きたかあるいはこれから起きるであろう）変化もまた変化であることに変わりはないからだ。マクタガートは現に起きている変化だけが変化だと考えているのだろうか。それは奇妙な考えであろう。概念的に考えるなら、「変化である」ということと「現に起きている」ということが別のことであることは明白だからである。過去に起きた変化や未来に起きるであろう変化もまた変化ではあるし、また逆に、現在起きていることが変化でない（静止である）こともありうるからである。マクタガートは後者を否定しているのかもしれないが、それにしてもやはり、何かが変化することと〈未来である⇓現在である⇓過去である〉という時制変化が起こることは別のことだろう。（ただし、前段落の「注解と論評」の末尾で述べたように、〈未来である⇓現在である⇓過去である〉という時制変化それ自体を変化とみなす道はある。その際にはもちろん、現在起きていることが変化でない（静止である）としても、その静止が過去になっていくことになる。）

マクタガートは少なくともこの後者は否定しており、現在起きていることが変化でない（静止である）ことはありえない、と考えているようである。しかも、その場合の変化とは、たとえばボールが（上方へ投げられると）はじめは上方へと位置を変えていき、次に下方へと位置を変えていく、というようなふつうの変化ではなく、（同じことだともいえるが）たとえばボールが最も高い位置にあるという出来事が〈未来である⇓現在である⇓過去である〉という変化を被る、という意味での変化である。

このような変化をA変化と呼ぶとすると、出来事に起こるA変化とは、要するに、その出来事が始まって終わるということでしかないだろう。したがって当然、そのような変化（一つの出来事が被る〈未来である⇓現在である⇓過去である〉という変化）はずっと昔にも起こったし、はるかな未来にも起こるであろう。すなわち、〈未来である⇓現在である⇓過去である〉という変化は、その全体が過去であっても、その全体が未来であっても、問題なく成立しうると考えられる。変化の本質を出来事が被る〈未来である⇓現在である⇓過去である〉というA変化とみなすかぎり、A系列が現実の現在であるかどうかとは無関係に多重適用されていくことは避けられないだろう。

多重適用されてしまったら、A系列はすでにしてB系列に変質しているのではないか、と思われるかもしれない。〈未来である⇒現在である⇒過去である〉という変化が任意にどこにでも（すなわち過去にでも現在にでも未来にでも）認められるなら、それは結局、〈より前－より後〉関係と同じことになってしまうではないか。ボールが最も高い位置にあるという出来事が〈未来である⇒現在である⇒過去である〉という変化を被るとは、ボールが最も高い位置にあるという出来事はそれより前の（上方へと位置を変えているという）出来事よりも後であり、それより後の（下方へと位置を変えているという）出来事より前である、ということと同じことではないだろうか。後者のようなB事実は永続的（不変）であると言うなら、前者のようなA変化、すなわちボールが最も高い位置にあるという出来事が被る〈未来である⇒現在である⇒過去である〉というA変化だって、その変化それ自体はやはり永続的（不変）だろう。すなわち、いつまで経ってもその変化のままだろう。

とはいえ、その出来事が出来事であることによって必然的に被る〈未来である⇒現在である⇒過去である〉というA変化それ自体は、現在から過去になっていくだろう。すなわち、いかなる出来事も、端的な、唯一の、現実存在するA事実の作用域の外に出ることは決してできないだろう。だとすると、出来事概念に内在する〈未来である⇒現在である⇒過去である〉というA変化と、それをそこに内在させたままその出来事そのものを過去にしていく端的なA事実との、A系列概念の二重性は避けられないだろう。

（12）**要約**　B系列時間において、出来事の生成消滅によって変化を定義できるだろうか。

注解と論評　12から14にかけて、出来事の存在論にかんするマクタガートの主張が述べられている。（それは出来事は生成消滅しないというもので、これだけ取り上げれば、これに反対したいと思う人は多いだろう。しかし、哲学の場合つねにそうだが、この主張が彼の議論全体の中でどういう役割を演じているかを解釈し評価することが重要であって、単独で取り上げて反論してみてもあまり意味はない。）

（13）**要約**　（B系列上の）出来事は生成消滅しない。

注解と論評　出来事が生成消滅しないという主張は突飛な主張のように見えるかもしれないが、それがB系列の中に置かれていることを前提する限り、むしろ自明なことだともいえる。そこでは単に、出来事相互のあいだに前後関係があるだけである。

むしろ逆の疑問がありうるだろう。というのはマクタガートは「ある出来事は、ひとたびある時間系列の中に入ると、……」などと述べて、あたかも出来事が初めて成立するその時が存在するかのように語っている（ようにも読める）からである。素直に理解するなら、それは存在しない、と解釈すべきであろう。この文は「……そこから出ることはけっしてできない」と続いているからである。出るということがありえない以上、入るということもありえない、というべきであろう。そう解するならば「it once is」は「ひとたび入ると」のように、あたかも時間軸上の一点に入る時点がありうるかのように訳すべきではなく、この「once」は時間軸上にある時点を指しうる「ひとたび」ではない、とみなすべきであろう。

別の解釈では、「ある出来事は、ひとたびある時間系列の中に入ると、……」と表現できるような、出来事が初めて成立するその時点は存在するのだが、ひとたびそれが成立したあかつきには、もともとB系列上にあったものとされる、という意味でもともとB系列上にある、と解される。この解釈のほうが、A系列とB系列という二つの系列の理解の仕方としては魅力的である。

＊要約　（A系列上の）出来事も生成消滅しない。

注解と論評　「（A系列上の）出来事も生成消滅しない」という要約はおかしいと思われるかもしれない。未来であった出来事が現在になることが、すなわち生成することであり、現在であった出来事が過去になることが、すなわち消滅することであろうから。しかし、マクタガートはこのことを「ひとたびあるA系列の中に入ったなら、つねにその中にある」と表現している。（13）の本文についての注解における最後の解釈に従うなら、これは、ひとたびそれが成立したあかつきには、もともとA系列上にあったものとされる、という意味にとれるだろう。しかし、そう解すると、その「A系列の中に入る」ことそれ自体はそのA系列上にはない、ということになるだろう。そうなる理由は、そもそもA系列という概念が過去と未来との存在論的非対称性を重視しないことによって成立している概念だからである。ある種の問題を立てるには、この概念を前提にすることはふさわしくないが、別のある種の問題を立てるには、この概念を前提にすることこそがふさわしい。マクタガートが論じようとしている問題は、まさに後者だといえる。それにとっては、過去と未来の非対称性の問題は重要性をもたないからである。

（14）**要約**　ある出来事が別の出来事に混ざり込んでいると想定しても、それらがともあれ別の出来事である以上、同じことである。B系列において、出来事がそれとして存在することを始めたりやめたりやめたりすることはありえない。

注解と論評　ある出来事がその出来事であることを「やめる」とか「始める」という表現がわかりにくいと感じる人がいるかもしれない。出来事は、現に起こっていても、起こり終わっても、起こる前でも、その出来事であることそれ自体には何の変わりもなく、そのことを始めたり終えたりすることはそもそもありえない、と思う人も多いであろう。マクタガートもそう考えてはいるのだが、彼の場合にはもっと強い主張をこの表現に込めていると思われる。すなわち、ある出来事がその出来事であることを「始める」とは、その出来事が存在し始めることであり、そのことを「やめる」とは、その出来事が存在しなくなることである、と解することができる。そして、彼は、少なくともB系列においては、そういうことは起こりえない、と言っていることになる。

（13）の原注＊を考慮に入れると、A系列においても同じことがいえる、と彼は考えているようにも解される。その場合には、つねに存在はしている出来事が、未来である、現在である、過去である、という諸規定を順番に受けていくことになる。少なくとも「未来である」にかんしては、これはあまり普通でない考え方で、その個所の「注解と論評」で触れたような問題がある。）

（15）**要約**　出来事ではなく時点で考えても、同じことが言える。

（16）**要約**　時間のうちに起こる出来事に生成消滅はないから、変化は、その変化の前後で出来事の生成消滅がないような、そういう出来事に起こらねばならない。

注解と論評　冒頭に「時間のうちで起こることは」と言われていて、これがB系列時間に限定されていないことに注意されたい。およそ時間のうちで起こることは存在し始めたりし存在し終えたりすることがない、と彼は言っているわけである。未来であった出来事が現在の出来事になることはそれが存在し始めることではなく、現在であった出来事が過去の出来事になることはそれが存在し終えることではない、と言っていることになる。

（17）**要約**　出来事を同じ出来事のままに保ちながらも、それだけは変化することができるような、出来事のもつ特性は何か、といえば、それは過去・現在・未来というA特性だけである。

注解と論評　ここで「同じ出来事のまま」であるとは、たんに同一性を保持するという意味ではなく、その内容をまったく変えずに、という意味である。過去である、現在である、未来である、というその特性だけを変化させて、過去であったり、現在であったり、未来であったりしうるその内容そのものは一切変えない、というのがこの議論のポイントである。

ここで、未来のことはまだ起こっていないのだから無理に思い浮かべるとしても極めてぼんやりとしているし、現在のことはまさにありありと与えられており、過去のことは（未来ほどではないが）やはりまたぼやけている、というような違いがあるではないか、と思う人がいるかもしれない。このような種類の反論はポイントを外している。

（18）**要約**　出来事は、「より遠い未来の⇓より近い未来の⇓現在の⇓より近い過去の⇓より遠い過去の」と変化する以外には変化しない。

注解と論評　アン女王の死とは、生者が死者となる（すなわち生きている状態から死んでいる状態へと変化する）という出来事である。そのことは「未来である⇓現在である⇓過去である」という変化とは無関係である、と考えることもできるだろう。その証拠に、このアン女王の死（生きている状態から死んでいる状態への変化）という出来事は端的に過去の出来事であって、そこに現在性も未来性もまったく関与していない。それにもかかわらず、われわれはそこにはっきりと変化（生から死への）を認めるではないか！　いや、その時点においてそのようなA変化（未来である⇓現在である⇓過去である）があったのだ、と言われるかもしれない。しかし、そんなことを言ってよいなら、どの時点をとってもそのようなA変化がある、といえることになる。どこにでもA変化を認めることができるなら、A系列は金太郎飴化し、B系列と同化してしまうだろう。

　端的な唯一の現在は、現実には二〇一六年にあるが、それをかりに（つまり想定上）一七一四年の八月一日（＝アン女王の死んだ日）にあると考えることはできる。

そうすると、想定上、その時点に中心化されたA系列が成立するが、それが現実には、過去であるという事実は動かない。もし、A系列というものを端的な唯一の現在を中心とする現実の時間のことだと解するなら、この想定上のA系列はじつはA系列ではなくB系列だとみなすことができる。その場合、彼女が生きている状態から死んでいる状態への変化とは、生きている状態がより前で死んでいる状態がより後であるというB系列的な事実と実質的に同じことを意味することになる。生きている状態がより前で死んでいる状態がより後であるというB系列的な事実は変化しないではないか、と言われるなら、アン女王の死という出来事に〈未来である⇓現在である⇓過去である〉というA変化が起こるという事実も変化しない。この二つは同じことを言っているからである。

　違いが生じるのは、後者にそれが現に起きているという（すでにしてアン女王の死には端的に欠如している）特別の事実が加わる場合だけである。だから、それだけが本当のA系列なのだ、と言いたい誘惑が生じるのは当然のことである。これに対して、もし〈未来である⇓現在である⇓過去である〉というA変化が、あらゆる出来事に、つまり、これまでに起こった・これから起こるであろう・あらゆる出来事に、等しく、のっぺりと、金太郎飴的に、あてはまるのであれば、それは結局、B系列と変わらないことになってしまう。

まさにその通りなのではあるが、このことの内部構造はそう簡単ではない。ここで、少しだけ食い込んでみよう。そうではないのだ、これだけではまだ、金太郎飴にはなれない。B系列と変わらないことにはなりえない。なぜなら、もしアン女王の死の時点が現在であるならば、必然的に、その他の時点は現在でなく、過去か未来であらねばならないからだ。あらゆる出来事がのっぺり現在になってしまうことは、時間というものの構造上、ありえないわけである。

では、B系列という時間の系列はどのようにして作られるのか。それは、結局のところ、そののっぺりできなさという性質そのものがのっぺりと延び広がることによって、であろう。すなわち、どうしても唯一の特異点が存在せざるをえず、決して金太郎飴的にはなりえない、そのなりえなさそのものが作り出す金太郎飴、ということだろう。そうなる理由は簡単である。もしその時点が現在であるならば、その他の時点は過去か未来であらねばならない、というその構造は、アン女王の死の時点以外のあらゆる時点に均等にあてはまるからである。あらゆる出来事にA変化が内在しているとは、結局、そういうことだろう。これがすなわち、A変化＝B関係ということである。一面では、われわれは現実にそういう世界に生きている。

そういう世界と、そうは言ってもやはり現実に存在すると言わざるをえない端的なA事実との不整合こそが、マクタガートが（第50段落以降で）剔抉《てっけつ》することになるA系列の「矛盾」である。端的なA事実そのものの出現だけが、ある時点が現在であるなら他の時点は過去か未来であらねばならないという構造はすべての時点に均等にあてはまるという金太郎飴構造を打ち破りうるからである。彼はその矛盾を、ある時点が過去でも現在でも未来でもあることと、それらのうち一つでしかありえないことの矛盾として提示した。それは、提示の仕方を変えれば、すべての時点が現在であることと、そのうちの一時点しか現在でありえないこととの矛盾だともいえる。

以上に述べたような「矛盾」は、端的な〈私〉という特異点が現実に存在するという、端的なA事実が存在するという捉え方に相当する捉え方と、その特異点の存在ということそれ自体が金太郎飴化するのだ、というA変化＝B関係的な捉え方とのあいだにも成立する。すなわち、時制と人称に共通の構造である。同じ問題点を、時制だけに固有の仕方で捉える方法もあるが、興味深いことには、マクタガート自身の提示の仕方がそうなってはいないのである。

（19）**要約**　変化はすべて未来が現在になり現在が過去になるというA変化である。

注解と論評　しかし、「未来（である出来事）が現在（である出来事）になる」とか「現在（である出来事）が過去（である出来事）になる」と言われる場合の、変化の本質としての「なる」が、もしそれもまたA系列的変化を被らざるをえないとすれば、それ自体が「未来である⇒現在である⇒過去である」という変化を被らざるをえないことになる。すると、現実の時間の経過という意味で「変化」が語られるとき、A系列はすでにして二重に適用されていることになるのだろう。たとえば、アン女王の死というもともと本質的に「未来であることが現在になって過去になる」という意味を持つ出来事が、現実に「未来であることが現在になって過去になる」というように。この問題については、これからも何度か触れられることになるだろう。

（20）**要約**　もしA特性が性質であるなら、未来であった出来事が現在になり、現在である出来事が過去になるたびごとに性質を変えることになって、出来事はつねに同じままにとどまる、と言えなくなってしまう。しかし、実際にはそうではないから、出来事はA特性を変えても、（何かきわめて特別の変化が起こったかまたは）何かが実在的に変化したわけではない、ということになる。

＊要約　XとYが関係Zにあるということは、Xの中に「Yに対して関係Zにある」という性質がある、ということを含んでいるのだ、と私は主張している。

（21）**要約**　A系列なしに時間はありえない。

注解と論評　A系列だけではどうだろうか？

一―4　B系列はC系列にA系列が付加されることによって生じる

（22）**要約**　B系列は時間規定であり、時間はA系列なしにはありえないから、A系列なしにはB系列はありえない。

注解と論評　ここから（32）までは、途中にC系列の導入をはさみながらも、基本的にはB系列はA系列に依存していることが論じられる。B系列もまた時間規定である以上、時間の本質であるA系列なしに、それだけで存在することは不可能だ、というわけである。この議論に関連して、そうであるならば、B系列とはじつは相対化され抽象化されたA系列にすぎないのではないか、と疑うことが可能である。

（23）**要約**　時間からA系列規定を差し引くと、もはやいかなる時間的な意味も持たないたんなる順序だけが残り、これをC系列と呼ぶ。

注解と論評　ここでC系列が導入される。C系列が何であるかは、時間からA系列規定を差し引いて残る系列である、ということの記述だけでははっきりしない。残る系列は「ある系列――時間においては出来事であるような諸実在のあいだに成り立つ永続的な相互関係の系列」だと言われているが、これだけではそれはB系列ではないか、と言われかねない。C系列を析出するためには、そこから（B系列的前後関係を含む）時間的な意味をきれいさっぱり取り去らねばならない。とすれば、ここでなお「出来事」という概念を使い続けるのもまずいことになるだろう。出来事とは時間的概念であるからだ。

時間からA系列規定を差し引いて残る系列として最も有力なものは数であろう。われわれは現に、時間の経過を「数を数える」という操作と結びつけて捉えている。しかし、それができるためには、自然界に、もともと一定の周期で繰り返す出来事が存在していなければならない。幸いにして、われわれの自然界には、人間が時間を意識し始めた太初からそれが存在していた。太陽をはじめとする天体の運動やそれに基づく日時計のごときもの、砂時計や精度は粗いが脈拍のようなものが、その代表的なものであったろう。それらを使って時間を「測る」とき、時間は（時間以外のものを測るときに用いられるのとまったく同じ）数によって測られ、それと同時に測るための単位としての特殊な出来事――年、月、日のような――が成立することになった。

それゆえ、C系列とは何か、と問われたなら、最もわかりやすいイメージは、時計の文字盤上の時刻を表す数の配列そのもの、カレンダー上の日にちを表す数の配列そのもの、ということになるだろう。文字盤上の数字の配列は、それ自体で順序を持ってはいるが、その上を針が通って行かない限り、時間的意味を持つわけではない。そこには変化がなく、ただ順序があるだけだからである。その上を針が通ることによって時計が生まれるように、「この系列がA系列規定と結合することによって時間が生まれる」わけである。（ただし、針の比喩のもつ意味については、付論の《時計の針について》を参照のこと。）

したがって、C系列とはB系列から（A系列に由来する）時間性を剝奪したものである、とみなすこともできる。とはいえ、ここでは時間からA系列規定を差し引くともはやいかなる時間的な意味も持たない単なるC系列規定だけが残る、と言われているが、必ずしもそうは言えないとも考えられるだろう。時間からA系列を差し引くとA系列から相対的に自立したB系列が残る、と考えることもできるからだ。B系列はたしかにA系列から派生的に成立したが、いったん成立してしまえば、A系列そのものを差し引かれても、特異点なき金太郎飴的前後関係として自立可能だと考えられるからである。

逆に言えば、C系列に端的なA系列が付加されただけでは、まだB系列が生まれるとはいえないだろう。B系列が生まれるためには、端的なA事実からその端的さを剝奪し、それを抽象的に一般化するという、次の階梯が不可欠であり、それはB系列が独自に担うことになるだろう。そうなることによってはじめて、どこを取ってもそこは現在であり、したがってその前と後を含めれば、どこを取っても均一的に〈過去・現在・未来〉構造が成立しているような、一般化され・相対化されたA系列としての

B系列時間が生じるだろう。それなしにはおよそ時間の経過というものが考えられないであろう。

(24) **要約**　時間(B系列がその側面を示しているような)が成立するためには、C系列に変化という事実がプラスされるだけでなく、さらにその方向がプラスされねばならない。

注解と論評　この段落で言われていることは、第28段落まで読まないと理解しがたく、また誤解を誘発する可能性がある。この段落にはA系列が登場しないので、第一文の「変化の事実」という句がA系列のことを指しているのかと思って読んでしまうと、あたかも方向はA系列以外のもの――たとえばB系列――が与えると言われているかのように読めてしまう。第一文では、「しかし、B系列と時間の発生には、単にC系列と変化の事実だけではなく、それ以上のものが要求される」と言われているわけだが、ここの「変化の事実」がA系列におけるA変化のことを指しているなら、そこには当然時間の特定の方向も含まれていると考えられるからである。マクタガートにおいて、変化とはA変化のことであったはずだから、それが特定の方向を与えないことは考えられない。第二文は「というのも、その変化は特定の方向を持たねばならないからである」であり、それはその通りであるが、しかしその特定の方向はその変化の中にすでに与えられているはずで、それに付け加えてさらに特定の方向が必要だとは理解しがたい。

（25）**要約**　非時間的系列（たとえば自然数の系列）には順序はあるが方向はない。

注解と論評　自然数を本質的に時間的なものであると考えない限り、この主張は妥当であろう。とはいえ、自然数が本質的に時間的な起源をもつ（個物の数を「一つ、二つ、……」と1から始めて数えていくことから切り離せない）とみなすことには十分根拠があり、その場合、逆に、時間が数を数えることから切り離せない（「時間とは周期運動の数である」等々）とみなすことにもまた十分根拠がある。そのように考えるならば、「逆向きに数えても、その系列に従っていることに変わりはない」という点についても、時間をさかのぼる場合だって「その系列に従っていることに変わりはない」ではないか、と言えはするだろう。

(26) **要約**　ヘーゲル弁証法におけるカテゴリーの系列も非時間的なので、順序はあるが方向はない。

注解と論評　マクタガートの議論の本質とはまったく関係ない些事にすぎないが、ヘーゲル弁証法におけるカテゴリーの系列も、本質的に時間的であって、本質的に方向を持つ、とみなすことは十分にできる。(ヘーゲル弁証法の系列を例に取ると些事のように見えてしまうが、たとえば因果性一般を例に取ればそんなことはないだろう。)

(27) **要約**　非時間的な系列はそれ自体には方向がないが、時間的な系列はそれ自体に方向が内属している。

注解と論評　このことには、ここでマクタガートが言っているのとは別の理由づけを与えることもできるだろう。彼はマグナカルタや選挙法改正案といった出来事を一つの項(term)とみなして、それを単位として、もっぱらそれの順序について論じているが、どんな出来事にもその内部にはさらに時間的順序があるからである。マグナカルタの公布を一つの出来事と考えることももちろんできるが、それを構成する(たとえば)その際にジョン王の口から出た一語一語や一挙手一投足を出来事とみなせばそれにも時間的順序があって、それらの方向は必ずマグナカルタから選挙法改正案へ向かう方向と同一である。これに対して、アルファベットの各文字にも英国上院議員名簿の各人名にも、それぞれその文字や名前を構成する内部の諸要素があるが、それらの順序とアルファベットや英国上院議員名簿の順序とは関連していない。

（28）**要約**　時間の成立には、変化の一方向性が要求されるが、一方向性は、C系列の一つの位置が端的に現在であり、その一方の側が過去で他方の側が未来であれば十分なので、A系列がそれを与える。

注解と論評　この一方向性は時間のア・プリオリな性質である。たとえば帰納に対する懐疑論というものがあって、それは現在まで成り立ってきた物理法則が現在を境に突然成り立たなくなることもありうることではないか、というように疑うのだが、そのような仕方で時間の向きが逆転する可能性もまたありうると考えることはできない。たとえ現在を境にこれまでの全歴史が逆流し、われわれはみな若返って母親の胎内に入って消滅し、太平洋戦争が逆向きに起こって、武士が、恐竜が、登場していくとしても、それはやはりそういう内容のことが未来に起こるというだけのことだからである。タイムトラベルでさえ、時間の一方向性を前提にして想定されないと物語として成立しえない。

＊要約　説明のこの部分は、過去と未来を説明するのに「であった」と「になる」を使って悪循環に陥っているから、妥当ではない。

注解と論評　このことの不可避性が（後に述べる）A系列を拒否すべき理由だと言われているが、これは少し疑問がある。彼がA系列を拒否すべき理由は、このような悪循環にあるのではないと私はみなしている。

(29)　**要約**　時間にとってA系列とB系列は等しく本質的（不可欠）であるが、等しく基礎的な（それが他の系列の基礎となっている）わけではなく、A系列が基礎的である。過去・現在・未来の意味を、他の概念（たとえば、より前とより後のような）によって説明することはできない。

注解と論評　逆に、B系列のより前とより後の意味は、A系列の過去・現在・未来の意味が理解されていることを前提にすれば、それによって説明できる、ということである。しかし、過去とは現在より前のことであり、未来とは現在より後のことである、というようにB系列から（もしそれがすでに理解されているなら）説明可能であるから、結局、B系列からの説明ができないのは、現在とは何か、に帰着するとも考えられる。

しかし、現実にはもちろん、過去と未来の意味を理解する以前により前とより後の意味を理解することが可能であるかは疑問である。過去と未来（たとえば昨日と明日）の意味だけ理解できるがより前とより後（たとえば前日と翌日）の意味はまだ理解できない段階は考えられるが、その逆に、より前とより後の意味だけ理解できるが過去と未来の意味はまだ理解できない段階は、かなり考えにくい。

さらに、過去と未来は存在するがより前とより後は存在しない世界（A世界）と、より前とより後は存在するが過去と未来は存在しない世界（B世界）は、ともにかなり想定しにくいだろう。しかし、その想定しにくさの意味は異なるのではあるまいか。この世界に意識ある生き物が存在しているにもかかわらず、抽象能力を持った生き物が存在していないなら、この世界はA世界のように映現するであろう。その場合、その世界にはB系列がないというべきであろうか。この世界に意識ある生き物が存在しておらず、この世界の外からそれを観察する者だけがいる場合を想定すると、この世界はB世界のように映現するであろう。その場合、この世界にはA系列がないというべきであろうか。

(30) **要約** B系列は、C系列がA系列もなすならば、そのことで出来上がる。現在の位置とは関係なく、より過去方向にある項はより未来方向にある項より前にあることになるからである。

注解と論評 C系列だけ存在しても、それがA系列をなしていないならばB系列にはならない、ということは自明だといえるが、逆に、A系列だけ存在しても、それがC系列をなしていないならばB系列にはならない、ということが自明だといえるかは問題だろう。というのは、そもそもB系列をなさないA系列とはどういうものなのか、想像しがたいからである。もし現実のA系列があるなら、そこに可能性という概念を付け加えるだけでB系列は出来てしまうとはいえまいか。たとえば過去にかんして、すでに過ぎ去った諸時点というものがあるなら、それらの相互間には必然的により前とより後という関係が生じてしまうのではあるまいか（マクタガート自身が、第18段落における「アン女王の死」の説明において、過去や未来の内部に「より近い－より遠い」という区別を認めていた）。
もし、C系列なしにはそれは作り出されえないのだ、というのであれば、B系列の成立以前に、そもそもA系列の成立自体がC系列なしにはありえないことにならないだろうか。（そうなれば、その基礎性・究極性は失われてしまう）。実際、A系列がなぜそもそも系列たりうるのかは大きな問題である。A系列といえども、それがそもそも系列をなしうるためには、C系列の支えが必要不可欠であるとも考えられる。C系列によって支えられていない単なるA事実というものも考えられるとは思うが*、それはおそらく、未来だった出来事が現在になり、過去になっていくという、マクタガートが問題にしようとしている構造を持たないであろう。そして、そういう構造を持たなければ、彼が問題にしようとしている矛盾や悪しき無限系列を作り出すこともないであろう。

A系列に矛盾があると言えるのは、それが必然的にB系列を産み出すような構造を持っているからであり、したがってその矛盾はじつはA系列とB系列のあいだの矛盾、あるいは端的なA事実とB系列化可能な形式化された抽象的A系列のあいだの矛盾、と解釈できる。

＊　第29段落の「注解と論評」における下等動物に映現するA世界はそのような想定だったが、たとえばライオンが獲物を追いかけて捕らえて食べるような状況では「下等」性がじゅうぶんではない。いま追いかけていて、未来において捕らえて食べるのであれば、未来の内部におけるより前（捕らえる）とより後（食べる）の区別がすでに想定されてしまっているからである。

(31)　要約　永続的系列であるB系列も、未来・現在・過去と変化するA系列と並んで、時間にとって不可欠であるが、B系列のこの特性は、A系列だけからは得られず、C系列から得られる。

注解と論評　比喩的にはこんな説明が成り立つだろう。一万個の物体が一列に並んでいるとする。それだけならまだ、時間的前後関係はもちろん、方向的前後関係も、存在しない。これがC系列である。そこに、一方の端から他方の端の方向へと動く物が加わったとする。これがA系列の成立に対応する。それは、現在は二三五一個目の物体のところにいるとしよう。この動く物の存在によって、その列全体に方向性が生まれるだろう。この方向関係は、たとえば、この動く物がまだ到達していない八五〇二個目と八五〇三個目とのあいだにも、行きわたる。この永続的方向関係が、B系列にあたる。

そうだとすると、少なくとも二つ、疑問が残る。第一に、最初のC系列とは何か。この比喩では物体の列だから問題がないが、それが出来事や時点の列だとすると、それはなぜA系列と独立に列をなすことができるのか。第二に、後から加わった動く物とは「動く現在」の比喩なのだが、だとすると、なぜそれが「現在は二三五一個目の物体のところにいる」などといえるのか。この「現在は」の「現在」は、「動く現在」とは別の意味での「現在」であらざるをえないことになるだろうが、だとすると、それはいったい何なのか。この二つの「現在」はどのような関係にあるのか。

第一の疑問に私が答えるなら、こうなる。C系列は、物体と出来事に共通の「個数を数えられるもの」でなければならないだろう。物体が数えられるのは、適度な大きさに区切れていることによって個体性をもつからである。物体は、並んだ順番を変えてもその個体性を維持し、並んだ順番とは独立に個数を正確に数えることができる。それがたまたま一列に並んでいるわけである。出来事がこの特質を物体と共有するために最も都合がよいのは、それが周期的変化（運動）である場合であろう。たとえば、地球が太陽のまわりを回るという出来事なら、キリストが生まれた時点の回転から数えて二〇一六回の回転が存在するなどと——あたかも同じ物が二〇一六個あるかのように——語ることができる。C系列が成立するために不可欠なのは、方向（とそれに沿った変化）からの個数の独立性であろう。通常の意味での「出来事」がこの性質を持っているとは考えにくいが、マクタガートが第6段落において定義した意味での「出来事」はこの性質を持つのだろう。

第二の疑問については、私の解するところでは、じつはこのことこそがマクタガートが提起した問題の根底にある矛盾である。それについては後にくわしく論じるとして、ここで興味深いのは、ここで私が導入した「比喩的な説明」がその問題を際立たせているという事実である。「一方の端から他方の端の方向へと動く物」はもちろん「動く現在」の比喩なのだが、この場合、それは（動くとはいえ）あくまでもたんなる物体にすぎないのであるから、「現在は二三五一個目の物体のところにいる」と言われるその「現在は」こそが（そしてそれだけが）本当の現在であることは明々白々である。それにもかかわらず、なぜ多くの人が（たまに例外があるとはいえ）この比喩を理解するのだろうか。その理由は、たとえばわれわれがカレンダーを見るとき、すでにしてこのような「動く現在」をその上に移動させてその意味を理解しているからである。カレンダーの上を現在が動くという捉え方はきわめて重要である。現に現在である位置とは独立した、動きのそのような一般的理解こそがB系列を作り出すからである。そしてそれを具体化したものが時計の「針」である（だから私の「比喩的な説明」はじつは時計の比喩である）。それゆえ、「針」は一つの動く物体にすぎないとはいえ実在する動く現在を表象している、ともいえるが、逆に、動く現在という表象自体が「針」という形象を抽象化したものにすぎない、ともいえることになる。

一－5　A系列の不可欠性とそれへの考えられる反論

（32）**要約**　以下の議論のために必要なことは、時間にはA系列が不可欠である（それゆえ、もしA系列が実在しえないなら時間は実在しえない）ということである。

（33）**要約**　時間にはA系列が不可欠であるという見解はありふれたものであり、しかもそれは実在そのものの特性であると一般には考えられている。

(34) **要約**　反論は、時間が実在することは前提にしたうえで、A系列は実在にはあてはまらないからA系列は時間にとって本質的ではありえない、とする。これは時間が実在することを前提したものにすぎない。

(35) **要約**　A系列の不可欠性には二種の反論がある。

(36) **要約**　第一の反論は、現実には存在しない想像上の物語の中でも時間は流れているが、そこにはB系列はあってもA系列はない。ゆえに、時間にとってA系列が不可欠であるとはいえない、というものだ。

注解と論評　マクタガートの(次段落における)主張に反して、この見解に賛同することもできるであろう。ここには少なくともB系列はあるのだから、時間は存在しており、ゆえに時間はA系列なしにも存在できる、と。これは、言語的世界把握を前提とし、それにプライオリティーを認める限り、説得力のある主張である。しかし、(別の観点からやはりマクタガートに反して)ここにA系列がないという見解を否定することもできるであろう。一般に、いかなる物語の中にもA系列があると考えることもできる。演劇や映画やテレビ・ドラマを見るときはもちろん、『ドン・キホーテ』のような書かれた物語を読むときでさえ、その物語体験において、必ずある出来事が現在で、他は過去か未来である、ともいえるからだ。

しかし、これに対しては次のような反例を挙げることができる。A系列的に体験することができない物語の一例。「その川の上流から流れてくる桃を割ると、後に桃太郎と名づけられ、さらにその後に鬼が島で鬼退治をすることになる赤ん坊が、その桃から出てくるような、そういう川へ、おばあさんが洗濯をしに行きました」という物語。この物語にはB系列しかなく、それを実際に読むときにもA系列はない。世界がこのような端的にB系列的なあり方をしていることは可能であろうか。可能だとして、それは時間が存在しない世界だと言うべきであろうか。

いや、そもそも可能ではないのだ、とみなすべきであろう。（私はかつてそのことを世界は決して「のっぺりした」あり方をすることができない、と表現した。）この物語にA系列が欠けているのはそれが言語表現だからであって、それがもし実在したならば必ずA系列を持たねばならない、と考えることができる。端的な現在ぬきの前後関係は、すなわちB系列は、ただ言語によってのみ作り出される、と考えられる。ここには言語哲学上の重大な問題が介在しているだろうが、それについて論じている余裕はないので、ひとつのわかりやすい対比を与えることで満足しよう。

言葉の代わりに楽譜を考えていただきたい。楽譜はさまざまな高さと長さの音が生起するさまをその時間経過に沿って表象する記号法であり、言葉とは違って、その表象の仕方は時間の流れ方を対象（音の生起そのもの）と共有することで成り立っている。すなわち、楽譜においては、時間が左から右へと流れることが、つまり「現在」が左から右へと移動することが、前提されている。楽譜そのものにはB系列しか含まれていないが、その実演においては、したがってその読みにおいてすでに、A系列の存在が前提されているわけである。つまり、楽譜は音の時間的配列を絵画的に写す「音の絵」なのである。（もちろん、逆に、演奏の側を楽譜の絵と見ることも可能だが、その論点はここで論じている問題とはまた別である。）

対して、言語は出来事の配列を絵画的に写す「出来事の絵」ではない。言語は、それを喋るにも聞くにも書くにも読むにも、A系列を必要とするが、楽譜とは違って、そのA系列はそれが表象する対象の側のA系列と対応してはいない。「その川の上流から流れてくる桃を割ると、後に桃太郎と名づけられ、さらにその後に鬼が島で鬼退治をすることになる赤ん坊が、その桃から出てくるような、そういう川へ、おばあさんが洗濯をしに行きました」といった文を読むとき、必ずそのある特定の個所を読んでいなければならない（それが「現在」である）が、その移動の順序は桃太郎世界の時間的順序と対応してはおらず、もう読んでしまった部分が桃太郎世界の過去で、まだ読んでいない部分が桃太郎世界の未来で、それぞれあるわけではない。すなわち、楽譜とは異なり、言語は「動く現在」を表象していない。このような表象方法は言語にのみ固有であって、それは諸種の時制的表現や「さらにその後に」等の時間的前後関係それ自体を表象する表現によって可能になっている。

私が書き直した『桃太郎』はもちろんのこと、『ドン・キホーテ』でさえ、われわれがそれらを読むとき、そこにはA系列的な世界が表象されていると理解するにもかかわらず、その世界をA系列的に体験しているわけではない。われわれが体験するのは、最初から言語的に再構成されている物語だからである。それでも、その物語には普通に時間が流れており、表象された世界そのもの（この場合実在しないわけだが）にはA系列時間が存在していると想定せざるをえない。

それゆえ、物語の中で流れている時間はB系列時間ではあるが、それは最初から言語表現であるためであって、そうした言語表現はA系列時間を言語的に再構成したものとして理解されざるをえないから、その背後には必ずA系列時間の存在が想定される。ゆえに、二つの異なる言い方でマクタガートの主張は反対することができる。①物語世界の中には、たしかにB系列しかないが、それでも時間はある。②物語世界の中には、実はA系列の存在が前提されているがゆえに、時間はある。

(37) **要約**　現実に存在するすべてが時間のうちに存在するかどうかはともかく、時間のうちにあるものはすべて現実に存在する。だから、想像上の物語を持ち出してもA系列の不可欠性の反証とはならない。

注解と論評　ここ及びこれ以下の議論を読むと、直前の第36段落の「注解と論評」で私が述べたところとは異なり、マクタガートは彼がA系列と呼ぶものをきわめて実在論的（現実依存的に）に捉えていることがわかる。私は、言語的に表現された物語世界もまたA系列時間の存在を前提していると論じたが、それは物語が展開する世界というものの本質構造にかんする議論にすぎず、いわば世界のア・プリオリな構造についての一般論であった。ということはつまり、「時間のうちにあるものは現実に存在していなければならない」という主張は受け入れられていない、ということである。現実的に存在してはいないが時間の内に存在しているものはある、と主張されていた、ということである。

対して、マクタガートは、「時間」をいわば固有名のように捉えており、この現実の時間という唯一のものがあって、それだけが「時間」である、と考えている。これは、言い換えれば、「現実の動く現在」という一つの特殊者が実在するという見解であって、それが彼の議論の出発点である、と解することが可能である。その場合、それのどこに端的な現在があるのかを語ろうとするとき、矛盾や悪循環が起こることが避けられないことになって、矛盾と悪循環をめぐる彼の議論が始まることになる。

いま、かりにこの見解を受け入れるとして、しかし、その唯一の時間しか時間とはいえない、というわけではないだろう。先の桃太郎の物語を時間順序に忠実に書き直して、それをゆっくり読んでいこう。「おばあさんが川に洗濯に行くと、そこに桃が流れてきた。その桃を割ると、赤ん坊が出てきた。その子を桃太郎と名づけた。成長して、桃太郎は鬼が島で鬼退治をした。」「その桃を割ると」まで読んだときは、そこが現在（川に着いたのは過去で赤ん坊が出てくるのは未来）であらざるをえない、と私は思う。言語化せずに映像で見るなら、なおさら、見ているその個所が現在であらざるをえないだろう、と。しかし、マクタガートによればそうではなく、このようなプロセスは現実に存在しなかったし、しないであろうから、現実のA系列のどこにも位置づけられず、したがってそこに時間はない、ということになるようである。

ところで、A系列にかんする彼のこのような捉え方は、50番台で展開されることになるA系列の矛盾をめぐる彼の議論にとって本質的な意味を持つであろうか。それを予め少し考えておこう。意味を持つとすれば、それはこういうことだろう。現実のこのA系列とは、端的な現実の現在が現にここにあるようなこのA系列のことである。さて、しかし、端的な現実の現在が現にここにあるようなこのA系列などというものが実在するだろうか。すなわち、端的な現実の現在が現にここにあるというような事実があるだろうか。そういう事実があるように見えるかもしれない。しかし、時間が問題である場面で語られる「現に」とはすなわち、「現在」という意味でしかない。とすると、端的な現実の現在が現にここにあるとは端的な現実の現在が現在ここにあるということで、それはトートロジカルに自明なことにしかならないのではあるまいか。「ここに」に時点を指定しても同じことが言えるだろう。この点について詳しくは、付論の《矛盾はどこにあるのか》を参照していただきたい。

ここで問題にしたいのはただ、その問題と同じ問題が虚構世界のA系列においても起こりうるか、である。虚構においては、桃太郎を発見した時点におけるおばあさんにも、鬼退治に行く時点における桃太郎にも、「端的な現実の現在」などは（あるとされるだけで）実はないだろうから、そこにはマクタガートが提起したい問題そのものがまさに存在しない、ともいえる。しかし、虚構世界にもA系列があるとは、「（あるとされるだけで）」と言わざるをえなかったように、まさにあるとされざるをえない、ということでもある。つまり、そのような点まで現実世界を真似ていなければならないのだから、同じ問題がまさに存在するはずだ、とも言いうるであろう。そう理解されなければ、およそ物語が展開する世界とはなりえないからである。虚構世界のマクタガートが時間の矛盾の問題を提起したとしても、われわれはその哲学的問題提起を問題なく理解するはずである（それはちょうど、虚構世界のデカルトが懐疑の果てに「われ思う、ゆえに、われあり」と言ったとしても、われわれはその哲学的問題提起を問題なく理解できるのと同じことである）。

(38)**要約**　ドン・キホーテの冒険は想像上のものなので、現実に存在しないからA系列のうちになく(過去でもなく現在でも未来でもなく)、時間のうちにない。

(39)**要約**　ドン・キホーテの物語は、実話だと信じられた場合にのみ、A系列のうちにあると信じられることになる。

注解と論評　ドン・キホーテの物語は、実話だと信じられなければ単なる空想譚だが、それが実話であると信じられてしまった場合がここでは問題にされている。その逆の組み合わせの場合も考えられるだろう。すなわち、誤った歴史記述の場合である。マクタガートならおそらく「それを書いた歴史家にとってはA系列に属すると信じられている」と言うであろう。同じ分類はもちろん未来にもあてはまり、この問題はいわゆる「志向性」の問題に関連している。

(40)**要約**　時間のうちにあるとは、すなわちA系列のうちにあることである。

注解と論評　A系列にかんするこのような概念的な議論と、そのA系列が現実のこ、この一つしかないという議論とは独立である。だからむしろ、どんな可能世界を想定しても、そこに時間がある以上、そこにはA系列があらざるをえない、という主張によって、この議論を擁護することもできるだろう。

(41) **要約**　第二の反論は、実在の内部に複数の独立した時間系列があるかもしれない、という可能性に基づくものである。

(42) **要約**　マクタガートによるこの第二の反論の解釈——複数の時間系列が実在するとすれば、それぞれの内部にA系列があることになるが、しかし、無関係な諸A系列がそれぞれ実在することはありえない。だから、異なる時間系列が実在するとすれば、それらはA系列とは独立に存在しているはずである。

注解と論評　この段落にかんする一つの疑問は、この議論によると、A系列と独立であるならば複数の時間系列が実在しうることになるが、それらが複数の異なる時間系列であると、どうしていえるのであろうか、というものである。

また、この段落の議論のなかで興味を引く点は、時間系列の各点が継起的に現在であらねばならない、と言われていて、そうでないような諸現在は実在的なものではありえない、と言われていることである。もし、継起的であるような諸現在は、現実には現在ではなく単に可能的に現在であるにすぎなくても、実在的な現在であることになるのだとすれば、現実の現在と対比される可能な現在に、実在的なそれと非実在的なそれの二種類のものが考えられることになるだろう。前者は、継起的に現在になっていく一つの時間系列の内部で、現に実現している現在と対比された、もう実現し終わった現在とまだ実現していない現在であり、後者は、継起的に現在になっていく一つの時間系列の外にある現在である。私見では、複数の時間系列というものは、たんにA系列がずれているだけでも構成できるので、必ずしも「いかなる時間関係にもない」必要はない。たとえば、現在の位置がわれわれのこのA系列の現在よりもつねに一時間前にあるような時間系列を考えればよい。これは純粋に現在の位置が異なることだけによって異なる時間系列である。その時間系列の現在は、後者の意味で可能的な現在ということになるだろう。この可能性は、いまたまたま実現していないだけではなく、この時間系列の内部では永遠に実現しない（という意味では可能性ではなく不可能性である）。このことをめぐる問題点は本書ではくわしく論じないので、拙著

『存在と時間――哲学探究1』の第14章及びその前後の議論を参照されたい。

(43) **要約**　しかし、そんなことはない。そのような場合には、どの現在も端的な現在ではないだろうから、どの時間も端的な時間ではないだろうが、それでも、それらは実在するのであれば、そこに現在もあるはずである。

注解と論評「私には現在が時間よりも実在的でないということが理解できない」と言っているが、これは標語的に言うなら「時間が実在するってことは現在が実在するってことだ」となり、両者を切り離すことはできないという断言である。後に時間の非実在性を主張する際にもこの前提は保持されており、彼が時間は実在しないと主張する際、それは要するに、その現在が実在しないという主張である。

(44) **要約**　もしA系列が存在しうるならば、複数のA系列が存在することも可能である。

注釈と論評　この辺りで展開される、A系列の不可欠性への二種の反論に対するマクタガートのA系列擁護論は、論敵を倒すことに意識を集中したためか、あるいは事柄の本質からか、擁護されるべきA系列像そのものにブレがあるように思われる。虚構世界にはB系列しかないが時間はある、という第一の反論に対して、彼は、現実世界にしかA系列は（したがってまた時間は）ない、と論じていたが、複数の時間系列がありうるがA系列は一つしかないので他はB系列になるがやはり時間はある、とする第二の反論に対して、彼は、いや、そこにはA系列もあるのだ、と論じている。しかし、もしそうであるなら、第一の反論に対しても、虚構世界にもA系列はある、と論じてもよかったし、第二の反論に対しても、A系列はこの一つしかない、と論じてもよかったはずだと思う。私自身は、複数のA系列の可能性という議論のほうに賛同するが、マクタガート解釈としては、逆に、A系列はこの一つしかありえない、という主張に与したい。

（45）**要約**　時間系列が複数存在するという説は仮説にすぎないのだから、もしその存在が明白な証拠のある他の何かと両立不可能であれば、それらは存在すると信じるべきでなくなる。ところで、A系列が時間にとって本質的であることには明白な証拠がある。それゆえ、もし複数の時間系列が存在することがA系列が時間にとって本質的であることと両立不可能であるならば、拒否されるべきなのは複数の時間が存在するという仮説のほうである。

第二章　時間の本質であるA系列は矛盾しており、それゆえ実在しないから、時間は実在しない

二－1　A系列には矛盾がある

（46）**要約**　ここから第二の部分に移る。次の課題は、A系列は現実に存在することができず、それゆえ時間は現実に存在することができない、ということを証明することである。

注解と論評　最後に「時間が実在（real）しうるのは現実に存在する（exist）ことによってだけである」と言われているが、この「現実に存在する（exist）」は、「われわれが経験しているこの時間が（われわれが理解している通りに）現実に存在している」という意味である、と私は解している。すなわち彼は、この時間が本当は存在していないと言えたなら、およそ時間は存在していないと言えたことになる、と言って

いることになる。（この解釈がマクタガートの意図に忠実かどうかはわからないが、そう読むことに意味があるので私はそう読むことにしている。）

（47）**要約**　出来事や時点は、過去であるか、現在であるか、未来であるか、そのいずれかである。それらが関係であっても性質であっても、いずれにせよ矛盾を含む。

注解と論評　出来事や時点は、過去であるか、現在であるか、未来であるか、つねにそのどれかである。そのことに疑う余地はないだろう。しかし、そのうちのどれであるかは固定しておらず、つねに変化している。このことにも疑う余地はないだろう。では、ある一時点を取れば、そのうちのどれであるかは固定するだろうか。いや、そんなことはない。たとえば、二〇一六年七月二四日午後三時四五分という一時点を取っても、それは未来から現在へ、現在から過去へと変化するからだ。しかし、そうだとすると、二〇一六年七月二四日午後三時四五分という一時点などというものはない、ということになってしまわないか。二〇一六年七月二四日午後三時四五分が未来である時と、現在である時と、過去である時は、それぞれ違う時点だからである。これは不思議な捉え方である。ふつうはやはり、二〇一六年七月二四日午後三時四五分という一時点というものがあって、それはそれが現在である時点のことだ、と捉えるだろう。もしそう言ってよいのであれば、やはり、ある一時点を取ればそのうちのどれであるかは固定する、ということになる。二〇一六年七月二四日午後三時四五分という一時点を取れば、それは現在であり、その場合、たとえば、二〇一五年は過去で二〇一六年八月は未来である。

ここに、さらにもう一つの論点が付け加わる。いま、かりに二〇一六年七月二四日午後三時四五分が現在である時点を例に取ったのだが、これはかりにのことであった。しかし、この世界にはかりにではない現実の現在というものがある。それを基にすれば、前の段落で述べたことはまたべつの主張に変わるだろう。「ある一時点を取ればそのうちのどれであるかは固定する」という主張は、「……取れば」という条件を外され、現実に「そのうちのどれであるかは固定する」といえることになるからだ。そうなれば、あらゆる出来事や時点は、過去であるか、現在であるか、未来であるか、つねにそのどれかである、といえることになる。ある一時点を取れば、そのうちのどれであるかは固定するのだが、そのある一時点はいつもすでに与えられているからである。

もう一つの論点を付け加えておこう。ここまでのところでは、われわれは、たとえば、明治時代は過去である、と断定してよいことになった。ところで、もちろん、つねにそう言ってよいわけではない、と付け加えることはできる。たとえば、江戸時代においてはそうは言えないからである。しかし、江戸時代から見れば、という視点を導入してしまえば、現実の現在もまた相対化されて、平成時代から見ればという意味になってしまい、明治時代は未来でも現在でも過去でもある、ということになってしまうであろう。江戸時代から見れば未来であることを根拠に、明治時代が現実には（真実には）過去であることが否定されるのであれば、「そのどれであるか」は決して確定しないことになる。ここで注目すべき点は、この確定しなさは必ずしも現在の位置が変化するからではない、という点である。時間的変化とは関係なしに、たんなる視点の多様性によっても「そのどれであるか」は確定しないことになるからである。たとえば東京スカイツリーの真ん中あたりは（動かないが）天辺から見れば下で、地面から見れば上であるように、視点を平成時代にも江戸時代にも取れるという事実は、時間的変化とはとくに関係がない、ともいえる。各視点の対等性を、変化の事実に基づいて主張することももちろんできるが、変化とは無関係に主張することもできるわけである。スカイツリーの天辺も地上も対等に「ここ」でありうる、という仕方で。

そうではあるのだが、時間の場合には、時間的変化というものの特殊性によって、視点の多様性が不可避になるのだ、と論じるのがこれからの議論である、と解することができる。（私自身は、時間的変化の場合のみならず、言語的コミュニケーションの場合にもそれは不可避であると考えており、したがって、時間的変化の場合にはその二つが輻輳《ふくそう》する、と考えているが。）

(48) 要約　それらが関係である場合、関係の一方の項は出来事や時点であり、他方の項はそれらの系列の外にある何かであり、その両項がずれていく。

注解と論評　「時間系列の外部にある何か」とは、端的な現実の現在（今）である。マクタガートの捉え方では、一方の側に出来事や時点からなる不変の時間系列（B系列）があり、他方の側にそれに沿って移動する現実の現在がある。もちろん、現在の側を不動とみなして、その現在の上を内部的には固定した時間系列が移動していく、と捉えても同じことである。ともあれ、変化は二つの系列のずれにのみあって、系列の内部にはないという点が重要である。また、この捉え方においては、系列の外からそれに関係する現在（今）は、系列内の因果連関等々の内的秩序にはいかなる影響も与えない。奇妙に感じられるかもしれないが、これは真実であろう。いつが現在であるかはわれわれにとって極めて重要な事実だが、しかしそれは世界の内部の因果連関に少しも影響を与えない。ここから、それゆえ現在（今）は実在しない、と論じることも可能だが、逆に、そういう意味では実在しない現在（今）の存在こそがわれわれの自由意志の存在根拠であり、したがってわれわれの世界の始まりである、と論じることもまた可能である。

「二つの出来事は、起こる百万年前でも、起こっているときでも、起こってから百万年経っても、相互の相対的な関係としては、時間系列において正確に同じ位置関係にある」と言われる場合、この「起こる」がすなわち現在であり、系列外の現在がその位置に来るという意味である。A系列とB系列とをこのように峻別し、A系列の現在がB系列の秩序の外から（その内部秩序とはまったく無関係に）いきなり与えられるという時間観を、きわめて異様なものだと感じる人もいるだろう。しかしそれは、多くの批判に反して、稀に見るほど鋭く、本質を突いた捉え方である、と私自身は感じている。（批判する人のほうがマクタガートの根本洞察の真価を理解できていない、というのが私の偽らざる実感である。）私がそう考える理由の最大のものは、世界を構成する三つの主要カテゴリーである時制・人称・様相のいずれにおいても、マクタガートが時間にかんして指摘したのと同型の問題が起こるからである。人称においても様相においても、私の存在や現実の存在は、人称概念や様相概念の内部秩序とは無関係に、その外からいきなり与えられるほかはない。この事実に圧倒されたことがある者なら、マクタガートの洞察の確かさを疑うことはできない。

しかし、そうだとすると、B系列は、A系列（現在という特殊なものが動く系列）とは独立の秩序なのに、それでもなぜ時間秩序でありうるのか、という疑問が湧くにちがいない。逆に言えば、B系列を構成する諸々の出来事は、起こる順番に並んでいるのに、なぜA系列と独立だと言えるのか、と。答えは、起こる順番に並んでいるだけで、実際にいつ起こるかが考慮の外にあるからだ、というものである。つまり、B系列には、現実の現在というものがないのだ。未来方向と過去方向の区別と、それに沿った順番があるだけで、現実の未来・現在・過去の区別というものがないのだ。それでも各々の出来事（時点）は出来事（時点）である以上、必ず〈未来⇒現在⇒過去〉とA変化するという本質を内に含んではいるのだが、それはたんなる本質であって、現に実現している〈未来⇓現在⇓過去〉とは別のものである。

＊要約　現在とは現在であると主張する行為と同時に起こっていることで、未来とは未来であると主張する行為よりも後に起こることで、過去とは過去であると主張する行為よりも前に起こったことである、という説では、時間がA系列ではなくなる。

注解と論評　この説に従えば、現在・未来・過去というA系列上の区別が、ある一つの出来事（主張するという行為）と同時であるか、それより後であるか、それより前であるか、によって決まることになり、要するにB系列になってしまう。マクタガートは、この説によれば「時間がA系列と独立に存在する」ことになると言っているが、それは逆に言えば、A系列（＝時間）はこの説において主張されている「時間」とは独立に存在する（この説において主張されている「時間」はその派生態にすぎない）ということでもある。彼がそう考える理由はきわめて簡単である。「現在であると主張する行為」は過去にも未来にも存在するからである。そしてもちろん、その行為の前や後は過去や未来であるとはいえない。

とはいえ、それだからといって、ここで主張されている説は間違っているとは言い切れない。これは「現在」や「未来」や「過去」という語の意味についての主張だろうからである。語の意味についての主張であれば、夏目漱石も田中角栄も（彼らは実際には過去においてしか発言できない！）「現在」をわれわれと同じ意味で用いたであろうし、明日の私も同じ意味で用いるであろう。しかし、端的な現在は（したがって未来や過去も）それとは別に存在する。B系列論者は、初発から言語的意味の立場に立つので、そのような端的な現在の存在を認めないだろう。しかし、彼らがそれのみを認める相対的な関係ではなく、端的なA系列が実在するのでなければ、時間は実在しなくなる、と（A系列論者としての）マクタガートは考えるわけである。そうしておいて、そこから矛盾を導き出してその実在を否定するのが、彼の議論の骨子である。

（49）**要約**　A系列を形成する関係は出来事や時点と端的な現実の現在との関係である。端的な現実の現在とは何かを語るのは難しいが、それ以上に明白な困難が存在する。

（50）**要約**　過去・現在・未来が両立不可能でなければ時間はありえない。そして、その時間とは、未来から現在へ、現在から過去へ、の変化である。

注解と論評　この個所を、過去・現在・未来が両立不可能であることが時間的変化を産み出す、と読んでしまうと、この議論は意味不明であろう。たとえば、世界に色というものが赤・白・黒の三種類しかなく、「すべての物はそのうちのどれか一つの色でなければならないが、いかなる物もそのうちの二つ以上の色であることはできない」としても、それは変化を産み出したりはしないからである。もちろんマクタガートはそのようなことを言っているのではない。もし過去・現在・未来が両立不可能でなかったら（つまり両立可能だったら）、変化は成立せず、時間というものは存在しないだろう、と言っているだけである。なぜそんなことを言うのかといえば、次の段落で、それなのになんと両立してしまう（とも言える）ぞ、と言うためである。その議論の妥当性そのものについては後に検討することにしよう。

次に、「われわれが手に入れることができる唯一の変化は、未来から現在へ、現在から過去への変化」だという主張について考えてみよう。水が加熱されて沸騰するとか、人が一階から二階へ移動するとか、そういう普通の意味での変化と、彼の言うこの意味での変化とは、どう関係しているのであろうか。これは、A系列とはそもそも何か、という問題と関係している。

水が加熱されて沸騰するといった普通の変化は、初めは二〇度だったが、次第に温度が上がり、三〇度になり、四〇度になり、……、最後は一〇〇度になる、といった変化である。このような変化は「未来から現在へ、現在から過去への変化」ではない。たしかに、三〇度であるという状態も、四〇度であるという状態も、……、すべての状態が「未来から現在へ、現在から過去へ」と変化していくだろうが、温度が二〇度から一〇〇度に変化するという変化そのものは、そういう変化ではない。もちろん、温度が二〇度から一〇〇度へ変化するというその出来事そのものもまた「未来から現在へ、現在から過去へ」と変化するだろうが、それはまた別の問題である。二〇度から一〇〇度に変化するというその変化そのものは「未来から現在へ、現在から過去への変化」ではない。

この二種類の変化の捉え方をつなげると、変化はこう表現されることになるだろう。初めは二〇度である状態が現在で三〇度や一〇〇度である状態は未来であったが、二〇度である状態は過去で三〇度である状態が現在で四〇度や一〇〇度である状態は未来となり、……、最後に、二〇度や三〇度や四〇度……である状態は過去で一〇〇度である状態が現在であることになる、というようにである。

ここで重要な論点を三つ指摘しておきたい。第一は、この変化は、それが起こるのが全体として過去であっても現在であっても未来であっても、そのこととは無関係に必ずこのような経過をたどる、ということである。つまり、変化を表現する「未来から現在へ、現在から過去へ」は、実は、その変化が現実に未来に起こるか現在に起こるか過去に起こるかとは無関係に適用される、ということである。この事実は非常に重要である。第二は、前段落で述べた「初めは……であったが、……となり、最後に……になる」という時間経過の表現は、そこで言われているように、現在の移動を表現しているのだが、ごく普通の「水が二〇度から一〇〇度になる」という表現のように、それを省略しても同じことを意味しうる、ということである。さらに言えば、これは、過去・現在・未来のA系列を内部に含むとはいえ、実質的には、「二〇度である状態は一〇〇度である状態よりも前である（一〇〇度である状態は二〇度である状態よりも後である）」というB系列的関係と同じことを言っていることになる。この事実もまた非常に重要である。第三に、前段落で述べた「初めは……が現在……であったが、……が現在……となり、最後に……が現在であることになる」という捉え方においては、現在というものは時間的変化の本質（時間の動性）を表すためにあるのであって、それが現実にはある一点にあってそこにしかない、などといったことはそもそも問題にされていない、という点である。この事実もまた非常に重要である。ここにはまた、すでに述べたA系列という概念そのものに内在する矛盾が現れているだろう。（この問題を瞬間の幅のなさをめぐる問題と混同しないようにお願いしたい。瞬間は現在である必要はなく、現在は瞬間である必要はない。その混同を避けるためには、右の「　」内の「が現在」の個所をすべて「が今日」に置き換えて理解していただきたい。）

これらの点がみな非常に重要であるのは、次の理由による。現実の時間的変化は（マクタガートの言う通り）端的な現在なしにはありえない。初めからそれが各時点に一般化され相対化されてしまえば、時間は経過しない。しかし、時間的変化の一般的な概念においては、この事実は無視されている。無視されていると言っても、放棄されてしまったのではなく、いわば概念の一部として内在化されてしまっているのである。（この点にかんしては、拙著『存在と時間——哲学探究1』15章・16章の「アキレスと亀」の議論を参照していただきたい。）

（51）**要約**　過去・現在・未来という三つのA特性は両立不可能だが、どの出来事もそれらすべてを持つ。もし出来事Mが現在であるなら、未来だったし過去になるだろう、というように。このことは、三つの特性が両立不可能であることと不整合であり、それらが変化を産み出すことと不整合である。

注解と論評　これ以降の段落で有名な悪循環や悪しき無限系列の議論がなされ、マクタガートの議論はそこを中心に紹介されることが多い。この段落はそこへと導入するための、たんなる少々トリッキーな端緒にすぎない、とみなされがちである。しかし、彼の問題提起を十分に理解するためには、この段階ですでに、彼の問いそのものにある種の共感を感じることができなくてはならない。しかし、一読したところでは、それは難しいかもしれない。

ここで両立不可能とは、必ずそのうち一つであって二つ以上であることはできない、ということであり、両立可能とは、一つではなく二つ以上でありうる、ということである。マクタガートは、矛盾するその二つのことが両方とも成り立ってしまう、と言っている。しかし、「未来だった、そして過去になるだろう」とは、第54段落で言い換えられるように、「過去においては未来であり、未来においては過去である」ということであるから、二つ以上が成り立ってしまうのは、異なる視点（「過去において」と「未来において」との）から見られた場合であって、そこにはなんの問題もないと思われるであろう。真ん中にある物が右から見れば左にあって左から見れば右にあってもなんの問題もないように。もしその時点が端的に現在であるなら、真ん中にある物がどう見られようと真ん中にあるように、それは端的に現在であって、端的に未来でも過去でもない、と思えるであろう。

いや、必ずしもそうはいえないかもしれない。まずは、あえてこの比喩を使い続けて考えてみよう。三人の人間が同じ方向を向いて横に並んでいるとする。右にいる人、真ん中にいる人、左にいる人、がいることになる。この区別は絶対的な区別である。しかし、真ん中にいる人は、右にいる人から見れば左にいる人で、左にいる人から見れば右にいる人である、ともいえる。これは相対的な区別である。もちろん、前者の捉え方が「三つの特性は両立不可能である」と言われているほうの捉え方に対応し、後者の捉え方が「どの出来事もそれらすべてを持つ」と言われているほうの捉え方に対応している。真ん中の人が端的に（絶対的に）真ん中にいるという捉え方と、見方によっては（相対的に）右や左にいることになるという捉え方には矛盾がある。

過去・現在・未来という区別の仕方には、そのような矛盾が内在している。ある時点は、一面では、端的に、過去・現在・未来のうちのどれか一つでなければならない。私がこの文を書いている時点は、端的に現在である。（と、ここではこう断言しておくが、そんな事実がそもそも実在するといえるか、が問題なのである。あらかじめ言っておくが、それは間違いなく実在するという直観と、そんな事実はそもそも実在しないという直観と、この二つの矛盾する直観をともに持てないと、マクタガートの問題はあまり面白く感じられないと思う。）しかし、他面では、どんな時点もその三つのすべてを持つ。私がこの文を書いている時点は、現在であり、未来だった、そして過去になるだろう。（これを、第54段落における言い換えをあらかじめ適用して表現しなおすなら、現在において現在、過去において未来、そして未来において過去、である。）

おそらくはすぐに気づかれるであろうように、ここには、これまで何度か言及してきた、A系列概念のもつ二義性（端的なA事実とA変化＝B関係との）があざやかに表れている。後者のA変化＝B関係のほうは、端的な現在だけでなく、どの時点についても同様に成り立つので、その意味において、私がこの文を書いている時点のみならず、私が五〇行前の文を書いていた時点も、三〇行後の文を書いているだろう時点も、それぞれ「現在において現在であり、過去においては未来であり、そして未来においては過去」であることができ、あらざるをえない（このことが、後に「悪循環」「悪しき無限系列」というかたちで問題になる）。五〇行前の文を書いていた時点や三〇行後の文を書いているだろう時点は、現在ではないにもかかわらず（しかし現在だったし現在になるだろう）その現在においては現在である、という点が重要である。この場合の「現在においては」は「その時点においては」という意味であり、あくまでもこの相対的関係性の意味において、過去においては未来であり、未来においては過去である、というのが、A変化＝B関係の本質である。

このA変化＝B関係の場合、最初から第54段落における言い換えが適用されており、現在は最初から端的な現在ではなく、任意の時点がその時点自身から捉えられた場合を意味している。しかし、書き換え以前の「現在である」という表現の場合は、必ずしも「現在において現在」という相対的な関係性を表現しているとは解釈されない。たしかに「現在である」の「である」が、「だった」や「なるだろう」と対比されれば、「である」もまた現在性を表現していると取ることができ、その場合、「現在である」は「現在において現在」の意味になるが、それらと対比されていない無時制的表現だと取ることもでき、その場合、「現在である」は「端的に現在である」の意味になるだろう。

ところで、端的な現在とは何か。もちろんどの時点もその時点においては現在であるのだが、端的な現在とは、そのことのたんなる一例ではなく、唯一の本当の実例である、という意味である。なぜそんなことが言えるのかと言えば、そもそも「現在」は（「私」の場合と同様）通常の概念（「人間」とか「椅子」とか「台風」とか「戦争」とか）とは違って、一つの概念のもとにその複数の実例があるというようにできてはおらず、本当の実例はただ一つしかない、というあり方をせざるをえないようにできているからである。どの時点もその時点においては現在であるとはいえ、それらは本当の現在ではなく、本当の現在は、ここにこの一つしかない。だれでもその人自身にとって「私」であるとはいえ、それらは本当の私ではなく、現実の私はこの一人しかないのと同様に。

しかし、もし私が、本当の私はこの一人だけだと言えば、それはたんに白明な事実を語っているだけであるにもかかわらず、いわゆる独我論のような特殊な哲学的主張をしたかのように誤解され、私以外のだれもそれに同意しないであろう。それと同様、もし現在においてだれかが、本当の現在はこの現在だけだと言えば、それはまったく自明な事実を語っているだけであるにもかかわらず、やはり何らかの哲学的主張であるかのように誤解され、異時点にいる人はだれもそれに同意しないであろう（異時点にいる人とは、実際には、書かれたその文を読むか、録音されたその発言を聞くか、どちらかをする未来の――自分を含めた――人である）。

いや、そんな誤解を招きがちな主張をわざわざする必要はないのだ。われわれはみな実際にそのやり方で「私」や「現在」を識別しているからである。私が自分を「私」として指す際（というこの言い方は、すでにして「私が自分を」という「現在における現在」に相当する自己反省表現を使ってしまっており具合が悪いのだが、残念ながら言語にはこの種の言い方しか存在していないのでこれを使うが）、私に決して誤りなくそれができるのは、そもそも他に選択肢が与えられていないからであり、そこには初めから他者（他の私）との対比という要素が含まれていないからである。

しかし、他の人が私のその発語を聞いて理解する際には、その発語が永井均の口から発せられたことで、永井均という人を他の人たちから区別して指している、と理解するだろう。だから、それは事後的に永井均の反省的自己指示表現として理解されることになるわけだ。それと同様に、ある時点が端的な現在とみなされて「現在」として指される際、それが誤りなくなされるのは、そもそもそれしか与えられていないからであり、そこには他の時点（他の現在）との対比という要素は含まれていないからである。しかし、他の時点にいる人がその語を理解する際には、その発話時点を他の時点から区別して指していると理解するだろうから、事後的にその時点の反省的自己指示表現として捉えられることになる。[*] 要するに、現在は現在を、たんにそれが現に存在しており、それしか存在していないというだけの理由で「現在である」と言うのだが、他の時点はその「現在である」を、その時点がその時点を他の時点から区別する反省的自己指示表現として捉える、ということである。

＊　ちなみに、この事後的な解釈が働く以前の対比なき絶対的な端的さそのものは、われわれのおこなっている言語ゲームの側からは存在する必要のないものであり、その言語によっては「語りえぬもの」である。ウィトゲンシュタインはし

ばしばこの意味で「独我論」という語を用いるが、それは他人の心の存在にかんする懐疑論・不可知論に基づいて「独我論」が語られる場合とは別のことを問題にしているのだが、きわめて多くの人がこれを混同している。

まずはこのように、「私」と「現在」に共通の場面で、端的で直接的で絶対的な捉え方と反省的で媒介的で相対的な捉え方の対比を理解したうえで、次に、同じ問題が時間的な「現在」だけに固有の仕方で現れる場面を見ることにしよう。そこで、まずは、「現在である」の「である」を無時制的表現であると取ることもできる、という議論に話をもどそう。まず、こういう想定をしてみよう。「である」「だった」「なるだろう」といった時制を含んだ表現のほかに、それを含まない「た」という言い方があって、現在でも過去でも未来でもない無時制的な事柄の場合に、たとえば「３は奇数た」「馬は哺乳類た」のように使われているとしよう。その場合、私がこの文を書いている時点は端的に現在なのだから、それは「現在た」と表現されるべきではなかろうか。「現在」というA系列的特徴は出来事に直接述語づけられるのであって、「た」は（時制抜きに）ただたんにその述語づけの働きだけを担っているのでなければならないからである。(現在は決して現在において現在なのではない!)

と、言いたいところであり、しかもそのことには疑う余地のない真理が含まれているのではあるが、しかし、そんなことはありえない、とも言える。なぜなら、もしそうであるなら、その出来事は永遠に現在であることになってしまうからだ。実際には、その出来事の持つ「現在た」という性質はすぐに失われ、その出来事は過去の出来事となる。このとき、「それなら、その出来事が現在であるという性質を持つのはいつなのか?」と問われたなら、それは結局「現在において」だと言わざるをえないだろう。つまり、「現在である」の「である」を、「た」のように無時制的にではなく、「現在において」の意味を込めて、読まざるをえないことになるわけである。

今度はしかし、先ほどのように他者(他時点にいる者という意味での)によって意味解釈がなされるからそうなるのではなく、その出来事(時点)自体がA変化を被るからそうなるのである。前者(先ほどのほう)はA事実とB関係の対立の問題で、「私」にかんしても同型の問題があったが、後者(今度のほう)はA事実とA変化の対立の問題で、「現在」に固有の問題である。(とはいえ、この二つの対立は本質的には同じ問題だと見ることもでき、そのことで〈A事実vs.A変化=B関係〉という定式化が成り立つわけだが。）

もちろん、この「現在において」をもう一度「端的な現在において」の意味に解釈することもできなくはない。しかし、それでは、ただ同じことを繰り返しただけで、「……いつなのか？」という問いに答えることはできない。それに答えることができるように「現在において」を解釈するとすれば、「その出来事が起こる時点において」のような意味に取るほかはなく、それはその時点の反省的自己指示にほかならない。どんな出来事もその出来事が起こる時点においては現在であるから、そこに端的さの問題が入り込む余地はない。

どんな出来事もその出来事が起こる時点において現在であるのはあたりまえのことで、実際には、そんな一般論を超えて、それらのうちのどれが端的に現在であるのか、という問いが成り立つではないか、と問われるかもしれない。（さらに、マクタガート風に、それがなければ実際の時間の経過というものが成立しないではないか、と付け加えるかもしれない。）そして、答えはすでにはっきりしていて、端的な現在が存在し、それはこの現在だ、と言いたくなるかもしれない。しかし、問題は振出しに戻っただけである。

だれでも、他の人たちとはまったく異なる、「端的に私である」というあり方をした人が一人だけ存在すると信じて生きているだろう。だれにとっても同じようにそうなのだから、そんな特別な人間が実在するわけではない、と言われても、そういう種類の一般論が成り立つ以前の段階で、百年前には存在していなかった、そして百年後にも存在していないであろう、そういう特殊な人間が、なぜか今は存在している、という圧倒的なリアリティを否定することはできないだろう。それを否定することは、自分というものが存在するという事実を否定することだからである。しかし他方で、そのような事実——おそらくはこの世に成り立っている事実の中で最も重要な事実——は、明らかに実在しない。「端的に私である」人はただその人にとって存在するにすぎず、しかもすべての人にとって同じようにそうなっているからだ。その証拠に、他の人とまったく違うあり方をした「端的に私である」ような人が実在しており、それが私だ、などという主張に同意してくれる他者はどこにもいない。（字面の上で同意する人も「いや、それは私だ」と言うだろう。）だから、それはいわば妄想なのである。

同様にして、端的に現在である時は存在し、その時は他の時とはまったく違うあり方をしているだろう。どの時点でも同じようにそうなのだから、そんな特別な時点が実在するわけではない、といくら言われても、そういう種類の一般論が成り立つ以前の段階で、端的に他と違う時点がなぜか存在している、という圧倒的なリアリティを否定することはできないだろう。それを否定することは、つまりこの現在というものの存在を否定することだからだ。しかし他方で、そのような事実――おそらくはこの世に成り立っている事実の中で最も原初的な事実――は、明らかに実在しない。端的に現在である時点はただその時点にとって存在するにすぎず、しかもすべての時点において同じようにそうであるからだ。その証拠に、他の時点とはまったく違うあり方をした「端的に現在である」時点が実在している、などという主張に同意してくれる他の時点はどこにもない。（字面の上で同意する際には「いや、それはこの時点だ」と言うだろう。）だから、それはいわば妄想なのである。

そういう意味では、A変化＝B関係だけが実在し、A事実は実在しないのである。なぜなら、A事実はその特権的なあり方をいわばその内側からしか語りえないからであり、しかも、その内側は外側からの視点において存在しうる何らかのものの内側ではありえないからである。もしその端的なA事実が、外側からの視点において存在しうる何らかのものの内側にすぎない、と見なされてしまえば、相対化を拒否する端的さそのものは即座に失われてしまう。この事実こそが、「A系列には矛盾がある」という言い方によってマクタガートが（時制にかんして）指摘した問題の根底にある事態であり、それは、ウィトゲンシュタインが「独我論は語りえない」という言い方で（人称にかんして）指摘した問題の根底にある事態とその本質構造が同じである。これはいわば端的さと反省性・再帰性の間の矛盾である。（この「注解と論評」の始めのほうでも多少論じているが、この意味での端的さは、同類の他のものどもとの共在の地平に置かれると、反省性・再帰性として再解釈されることになる。）

（52）**要約**　出来事Mは、現在であり、過去であり、未来である、というわけではない。現在であり、過去になり、未来だった、かまたは、過去であり、未来と現在だった、かまたは、未来であり、現在と過去になる、のである。過去・現在・未来は、同時ならば両立不可能だが、継起的ならばふつうに時間が経過するだけである。

注解と論評　もしそうであれば、それはまったく普通のことであり、変化が生じること（時間が経過すること）と矛盾しないどころか、むしろこのことこそが時間が経過する（時が流れる）ということそのものであろう。しかし、次のように考えれば、この段階ですでにこの解決策は通用しない、ともいえる。問題の焦点は、この「かまたは」はいかにして成立するのか、である。それが成立しうるためには、端的なA事実が存在しなければならない。端的なA事実こそが、現在は端的にいつであり、したがって任意の出来事が過去・現在・未来のどれであるか、を決定するからだ。

しかし、まず、第51段落の「注解と論評」で述べたように、その端的さをどうやって語りえようか。それはいわば内側からしか語りえない事実なのであった。しかも、その内側は、それが外側から位置づけられうる何かあるものの内側であることができないような、つまり内外がそこで逆転するような、特別の内側でなければならないからだ。それは、一面ではすべての開けの原点であるにもかかわらず、客観的には（とはここでは時間貫通的という意味だが）そもそも実在さえしないのだ。もしその存在が客観的（つまり時間貫通的）な観点から認められてしまったなら、それは端的でなくなってしまうからである。独我論と違って、そこにははじめから非常にたくさんの人が一緒にいるので気づかれにくいが、ウィトゲンシュタインが問題にしたような意味での独我論の語りえなさと同種の語りえなさが、そこにはあるのだ。

端的なA事実が実在しないことを認めて、A変化＝B関係だけで時間を捉えるなら、どんな出来事も「現在であり、過去になり、未来だった、かまたは、過去であり、未来と現在だった、かまたは、未来であり、現在と過去になる」と言われる際の「かまたは」を確保する方法は存在しなくなる。その場合には、どんな出来事も「現在であり、過去になり、未来だったし、過去であり、未来と現在だったし、未来であり、現在と過去になるだろう」と言わざるをえないことになるだろう。すなわち、現在であり、かつ、過去であり、かつ、未来である、と。

そんなに難しく考えずに、端的なA事実とA変化＝B関係とをたんに結合すればよいだけではないか、と思う人がいるかもしれない。それができないのだ、といま言ったつもりだが、もしそう問われたなら、こう答えることもできるだろう。そのような結合がなされたあかつきには、その端的な現在はすべての時点に存在しうるのでなければならなくなるので、結局は同じことだ、と。しかし、ここでまた、すべての時点にと言ったって、いっぺんにすべての時点にであるわけではないのだから、何も問題はないではないか、と問われるかもしれない。

今度はこう答えることができ、この答え方のほうが時間の問題に固有の答え方になる。端的な現在は、A変化＝B関係と結合されれば、もちろんいっぺんにではないが、しかし本質的に次々と成立してしまうことになり、客観的に成立するその「次々と」性に埋没するだろう。「いやいや、次々と成立するそれらの端的な現在のうち、どれが、現に今、成立しているのだ？」という問いが、何度も繰り返されるだろうが、次々と埋没していくだろう。すると、この突出と埋没の運動それ自体がそういう運動として一般化され、するとさらにそこからの突出が起こる、という累進構造が成立することになる。これは現在が瞬間だから起こる事態なのではない。「現在」の代わりに「今日」で考えても「今年」で考えても同じことがいえるのだ。

そして、たとえ端的な事実に基づいて「現に今は、二〇一六年八月二八日の午前一〇時の現在が成立している」と答えられたとしても、「で、その〈現に今〉はどの〈現に今〉なのだ？」と問われざるをえないだろう。なぜなら「どれが本当の〈現に今〉か？」という問いに答える方法は存在しないからだ。それは、二〇一六年八月二八日の午前一〇時のことでないのはもちろん、どの時点にでも成立しうる〈現に今〉という性質のことでもないにもかかわらず、その二つを結合させる（「二〇一六年八月二八日の午前一〇時における〈現に今〉」というかたちで）しか、この問いに答えることはできないからである。理由はもちろん、独我論は語りえないから、または、独我論は誤りだから、と同じ種類の理由である。(問題の構造がはっきりしてしまえば、語りえないからか、誤りであるからかの対立は、じつはあまり重要ではない。)

もしそうであれば、51段落の末尾で言われていたように、どんな出来事にも「両立不可能なこの三つのタームがすべて述語づけられうる」ということになるだろう。そして、そのことは「それら三つのタームが両立不可能であることと不整合であり、それらが変化を産み出すことと不整合である」ことになるだろう。

(53)　**要約**　この説明は、A系列を説明するのにA系列を使ってしまっているから、悪循環に陥っている。

注解と論評　この「悪循環」の指摘は、通常のマクタガート解釈においてはきわめて重視されており、このことこそがマクタガートの提起した「矛盾」の中核であるかのように語られることが多い。また彼自身も、この「悪循環」をそのように位置づけているように読める。すなわち、一つの時点が未来・現在・過去という両立不可能なはずの特性をすべて持ってしまうという矛盾を解消するために、それはじつは、未来だった（過去において未来）、現在である（現在において現在）、過去になるだろう（未来において過去）、ということなのだから問題はないのだ、と言ってしまうと、こんどはA系列の二重化（「悪循環」）が起こってしまう、というように。

しかし、この二重化は自明なことにすぎず、悪循環でないのはもちろん、別に問題でもない。時間が経過するとは、年表のようなものを想定して考えるなら、現在がその上を未来方向へと動くことである。現在が未来方向へ動けば、その動きと相対的に、年表上の時点や出来事は過去方向へ動く（すなわち、新しい現在から見れば過去になる）。これが「過去になる（未来において過去である）」ということの意味であり、時点や出来事の側を基準にすれば、このようなA系列の二重化は避けられない。

もちろん、時点や出来事の側を基準にせず、逆に動く現在の側を基準とすれば、「過去になる」とか「未来だった」といったA特性の二重化は起こりえない。われわれ自身はつねにその現在のほうに張り付けられており、時点や出来事の側に張り付くことはできないから、かつて「未来だった」こともなければ、またこれから「過去になる」こともない。私がこの文を書くという出来事はもちろん過去になるが、書いた私自身は過去になることなどはできず、ただ次の文を書くことができるだけである。

まして「現在が過去になる」などということは決して起こりえない。過去になりうるのは、いま現在である（これが「現在における現在」である）出来事や時点だけである。それが過去になるのは、現在が未来方向へ動くからであって、そしてその過去（や未来）は、つねにその新たな現在から生じるのであるから、そこには悪循環などは起こりようもない。

A系列の二重化に問題があるとすれば、すべての時点がそのように相対化されると、端的な現在というものがなくなってしまい、過去・現在・未来の区別がつねに必ず別の過去・現在・未来に依存してしまう、という場合だけだろう。このような相対性だけになってしまったら、第52段落の「注解と論評」で論じたように、あの「かまたは」が成り立たなくなるといえる。しかし、必ずそうなるわけではない。二重化が起こっていても、最初の端的さが維持されているなら、「かまたは」は働きつづけるだろう。出来事Mは「現在であり過去になり未来だった、かまたは、過去であり未来と現在だった、かまたは、未来であり現在と過去になるだろう」のように言えて、しかもこの選言肢のうちのどれが現実であるのかが言えるなら、A系列の二重化そのものには何の問題もない。

この二重化が問題をもたらすと論じるためには、第55段落における「悪しき無限系列」の議論をまたねばならない。

(54) **要約**　この論文の執筆という出来事は、現在であり、未来だった、過去になるだろう、といえるが、それは言い換えれば、現在において現在であり、過去において未来であり、未来において過去である、ということである。このように、現在・未来・過去という特性を割り当てるために、現在・過去・未来という特性を基準として使っている以上、そこには明らかに悪循環がある。

注解と論評　この段落には二つのポイントがある。

第一は、出来事の例が、ここで初めて、端的に現在である「私のこの論文の執筆」となっていることである。これには非常に重要な意味がある。と言った途端にこう言うとおかしく感じるかもしれないが、それはもちろん、もはや端的に現在ではない。百年以上前の出来事であるから、端的に過去である。すなわち、「現在であった」(言い換えれば「過去において現在である」)と言わねばならない。このように、マクタガートの時代と現代とを貫いて客観的な(時点貫通的な)視点に立てば、端的な現在などというものは実在しない（第52段落の「かまたは（or）」は「そして（and）」に置き換え可能となるわけである）。

にもかかわらず、ここでマクタガートが、端的に現在であった（その時点において端的に現在である）例を出しているということの意義は大きい。マクタガートの議論では、時間が実在しない（real でない）のは現実に存在（exist）しないからだとされているが、その際、現実に存在する時間とは、アン女王の死が端的に過去であったり、自分のこの論文の執筆が端的に現在であったりするこの時間のことである（と考えられる）からである。「出来事M」が現在であるなどという抽象的な例では、この意味で現実存在する時間を問題にすることができず、問題は当初からA変化＝B関係の枠内に入り込んでしまう。現にここに現在がある（他のところにはない）という仕方で限定された、具体的に一本のA系列が存在することが時間が実在することであって、そのようなものが実在するか否かが問われていることなのである。

第二は、「現在である」「未来だった」「過去になるだろう」が、それぞれ「現在において現在である」「過去において未来である」「未来において過去である」と言い換えられていることである。このことの最大の問題点は、「悪循環」が露わになることなどではなく、「現在である」にもA表現の二重化が読み込まれ、それもまた「現在において現在である」と言い換えられている点にある。

さてしかし、現在の出来事は、たしかに、未来だった、すなわち過去において未来であり、そして、過去になるだろう、すなわち未来において過去である、とはいえるが、だからといって、現在である、すなわち現在において現在である、といえるであろうか。

否定的な根拠を二つ挙げよう。第一に、過去においては未来であるとか、未来においては過去であるといったことは、あえて過去や未来の視点に立ってみれば、つまりそこをかりに現在とみなせば、そこから見て、未来であるとか過去であるとか言える、ということである。つまり、実際にはその視点に立っていないのである。それに対して、現在において現在であるという場合だけは、あえて現在の視点に立ってみれば、つまりそこをかりに現在とみなせば、そこから見て現在であると言える、というようなことではない。われわれは実際に現在の視点に立っており、また現在の視点に立つことしかできない。これを、過去において未来とか、未来において過去とかの、仮定的な（あえて視点を移動させた）視点の取り方と同列に置くことはできない。

とはいえもちろん、「同列に置かれる必然性がある」とも言え、その際には、第51段落の「注解と論評」で触れた、「端的さは、同類の他のものどもとの共在の地平に置かれると、反省性・再帰性として再解釈されることになる」ということが起こる。それがすなわち「現在における現在」である。この二つの捉え方のあいだに「矛盾」があるわけである。

第二に、現在の視点にしか立てないのだから、過去においては未来であるとか未来においては過去であるといったことも、全体としてはやはり現在の視点からの言い分である。だから、もし「現在において」とあえて言う必要があるのなら、これらの場合にもやはりそう言わなければならないはずである。「現在において過去において未来」、「現在において未来において過去」と。通常それが省略されるのは、その「おいて」を意識する必要がないから（なぜなら、それ以外の視点にはそもそも立てないのだから）である。それをあえて言う場合には、そこに、もともとはたんなる場のごときものであった自己自身をあえて他と対比して指すという、再帰性や反省性といった働きが導入されることになる。このことは全体の生起する場のごとき自己を他と対等の地位に引き上げる（あるいは引き下げる）ために不可避の作業ではある。しかし、すぐにわかるように、再帰性や反省性という意味での「現在」でよいのであれば、端的な現在ではないような、「過去における現在」や「未来における現在」の「現在」であっても、同じように成り立っているはずなのである（自己意識でよいなら他人にもあるだろうように）。ここから「悪しき無限系列」が生じることになる。

端的に過去や未来である出来事を例にとっても同じことがいえる。第二次世界大戦は端的に過去である。それは、未来だった（より過去において未来である）し、現在だった（過去において現在である）が、しかし、「過去である」し、ずっと過去であり続けるだろう（未来において過去である）。「過去である」からといって「現在において過去」ではない。そこだけは、端的に、直接的に過去であるからだ。（ところで、たまに、「端的に現在である」の意味はよくわかるが、「端的に過去である」や「端的に未来である」の意味はわからない、と言う人がいる。それは「端的」に意識にとっての直接性のような意味を付与して、現在の体験は直接的だが、記憶や予想は直接的ではない、というような種類のことを考えているからだろうと思う。ここで論じている問題は、その種の話とは関係ない。自分のあらかじめ持っている語のニュアンスを持ち込まずに、この議論の内部から「端的」の意味を把握していただきたい。）

もし、「である」を「現在において」に読み換えるなら、必然的に、この「現在」は二重の意味を持つことになる。一つの意味では、この「現在において」は、つねに端的な現在を指し続ける。しかし、この「現在」はまた、「過去における現在（現在だった）」や「未来における現在（現在となるだろう）」の場合にも現れるような、時点の自己指示の意味での「現在」でもあらねばならない。これは、あくまでもその時点における現在（すなわち同時）という意味であるから、端的・直接的・絶対的な意味での現在ではなく、反省的・再帰的・自己指示的な意味での（そちらの意味だけでの）「現在」である。括弧の中に「そちらの意味だけでの」と入れたのは、端的な現在もまた、反省的・再帰的・自己指示的な意味での「現在」でもあらねばならないからである（私自身もまた自己意識的存在者の一人でもあらねばならないように）。この二重性が、A系列の内部における端的なA事実とA変化＝B関係との二重性、もしそう呼びたければ「矛盾」である。

端的・直接的（無視点的）・絶対的なあり方が、通常の媒介的・間接的（視点依存的）・相対的な捉え方の内部に位置づけられて、媒介的・間接的（視点依存的）・相対的な捉え方の一種として捉え直される際には、それは反省的・再帰的・自己指示的な捉え方になる、というわけである。しかし、そのように捉え直されることは避けられない。どんなに端的で絶対的な事実も、より大きな全体の内部に参入して、その内部の他者と同格の存在者となるためには、自己を反省的に相対化し、それを自己指示しなければならないからである。これこそが、われわれのこの世界の成り立ちそのものに潜む「矛盾」なのである。

私がこの文を書いているこの時がいかに端的に現在であっても（そのことは決して否定できないが）、その事実が本書の読者にとって意味のある事実となるためには、それが、（端的ではなく）いつの、何においての、どこから見ての現在であるのか、が問われねばならない。端的な現在もまた、自己を相対化して、その種の相対性の場に身を開かざるをえず、そしてある意味では、つねにすでに開かれている、ともいえるのである。「私のこの論文の執筆」から議論を始めることによって、マクタガートはこの段落で、そのことを（語らずに）示している、といえる。

（55）**要約**　同じ問題を悪循環としてではなく悪しき無限系列として表すこともできる。Mは現在であり、未来だった、そして過去になるだろう、と主張するなら、そこに第二のA系列が生じ、諸々の出来事が第一のA系列のうちに収まるのと同じように、第二のA系列のうちに第一のA系列が収まるが、そうするとその第二のA系列も、同じようにして第三のA系列のうちに収まることになり、以下、それが無限に続くことになる。矛盾を取り除こうとすると、その説明がまた矛盾を作り出してしまうわけだ。

注解と論評　素直に読むと、かなり無理なことを言っている。まず、「諸々の出来事が第一のA系列のうちに収まるのと同じように、その第二のA系列のうちに最初のA系列が収まる」というのは、明らかに間違っている。ここまでの議論を素直に取るかぎり、「同じように」ではないからだ。諸々の出来事の第一のA系列への収まり方と、第一のA系列の第二のA系列への収まり方では、収まり方が違う。前者は「ある出来事は、過去であり、現在であり、未来である」という収まり方である。後者は、そのことのおかしさを修正するために登場するのだから、もし問題の出来事が現在の出来事であれば、「過去であるのは未来においてであり、現在であるのは現在においてであり、未来であるのは過去においてである」というような収まり方しかない。もし問題の出来事が過去の出来事であれば、「過去であるのは現在（と未来）においてであり、現在であるのは過去においてであり、未来であるのも過去においてである」というような収まり方しかない。

問題の出来事が過去であるか現在であるか未来であるかによって、第二のA系列は決まってしまうのだ。第一のA系列の場合のように、過去・現在・未来のどれでもよいなどということにはなりようがない。そして、このように解した場合、第二のA系列と第一のA系列の関係は、現在の未来方向への動きとそれに相対的な時点や出来事の過去方向への動きとの関係を述べているだけであるから、「時間の中に時間がある」という主張には、なんら理解不可能なところはない（たんにあたりまえのことにすぎない）。

そう考えるなら、第二のA系列には、第一のA系列と同じ困難が待ち受けてはいない。ある出来事（や時点）が過去でも現在でも未来でもあると言われたなら、それはどこ（いつ）においてのことなのか、という相対化の問いが必要になるが、その必要から生じた第二のA系列の過去や未来は、抽象的に過去方向や未来方向を意味しているだけで、特定の出来事（や時点）を指しているわけではないから、それもまた別の時点から見れば過去でも現在でも未来でもある、などという問題はもはや生じない、と考えることができるからである。

「真ん中は右でも左でもあるのは何故か？」という謎々を出され、「左から見れば右で右から見れば左だから」と答えたなら、それで一件落着で、新たに登場したその左や右にもやはり同じ問題がある、などとはもはやいえないだろう。新たに導入された第二の左右系列は、抽象的な左方向と右方向を意味しており、それを持ち出すことによって、最初の謎々は抽象的かつ一般的に解決され、すでに片がついたわけである。もちろん、その左方向と右方向にもそれぞれ具体的な場所を指定すれば、同じ問いが起こりはするが、そこで起こる問いも、すでにこの解決策によって抽象的かつ一般的に解決されている。

Ａ系列についても、同じことがいえるだろう。第二のＡ系列に登場する未来や過去に、あえて特定の時点を指定すれば、たしかに同じ問題が現れ続けることになる。それもまた過去でも現在でも未来でもあるのだ、と。そうすると、それはどこから見てか、という第三のＡ系列が要請されることになるだろう。「この困難を取り除くためには、それは第三のＡ系列のうちに置かれるほかはない」というわけである。しかし、この場合でさえ、第二のＡ系列が第三のＡ系列のうちに置かれる際に、たとえばその第二のA特性が「未来」であったなら、それもまた過去でも現在でも未来でもあると言われたとき、そのことのおかしさの修復の仕方は、過去であるのはより未来においてであり、現在であるのは未来においてであり、未来であるのは現在と過去においてである、という仕方しかないことになるだろう。つまり、最初の現在の効力がどこまでも波及して来るわけである。この場合、「それゆえ、その説明は妥当でない」という結論は導かれない。

この波及力を止めるのは、もちろん、新たな端的な現在の生成である。そして、時間とは新たな端的な現在の生成システムのことである。しかし、先ほどと同様、異時点とのコミュニケーションという形でこの問題を論じることもできる。たとえば、こんなふうに。新たな現在が生成すれば、「現在は過去になるだろう（未来において過去である）」という予言は実現されてしまう。すると、そこで言われていた「未来」は現在になる。もちろん、その現在から始まる、新たなA変化＝B系列の無限系列が形成されるが、それはそれで矛盾のないものである。しかし、その二つの現在どうしが話し合えば、矛盾が露呈する。最初の現在が自分に掛けられた「過去でも、現在でも、未来でもある」という嫌疑を晴らそうとして、「過去であるのは未来においてで、現在であるのは現在においてで、未来であるのは過去においてだ」と言ったならば、未来として名指された新しい現在はこれに反論して、「とんでもない！　過去であるのは現在においてであり、現在であるのは過去においてであり、未来であるのはより過去においてである」と言うであろう。要するに「お前は現在でなく過去だ」と言っているわけである。自分がどちらかにいれば、そちらの立場の絶対的な正しさを確信するだろうが、この論争に決着をつける客観的（時点貫通的）な根拠は存在しない。

時間が問題である場合には、コミュニケーションという（人称の場合と共通の）問題を度外視して、たんに現在が動くということだけを取っても、同じことを問題にできる。「未来において過去」と言われたその未来が、実際に（それ「において過去」と言われていたところの）その現在になってしまい、先ほどの問答からも明らかなように、最初の現在に掛けられていた「過去でもある」という嫌疑は、嫌疑ではなく真実だったことになるからである。このような移り変わりの全体を、その外からあたかも一枚の絵を見るかのように眺める能力がもしあるなら、古い現在と新しい現在は問題なく同格に現在であり、端的な現在などというものはないことになる。

そして、一面でわれわれにはそのように外から眺める能力があるのだ。とはいえ他面では、眺められたその絵においてさえ、そのいちいちの展開のうちにじつは端的な現在が組み込まれており、現実にはわれわれはそこからしかものが見えない。この矛盾から逃れるすべはわれわれにはない。

このように捉えれば、悪しき無限系列から逃れるすべもない。A変化＝B関係の見地からすれば、実際にどの時点でも過去でも現在でも未来でもある（「かつ」が成り立つ）。しかし、端的なA事実の見地からすれば、それは見る観点を恣意的に変えたからにすぎず、じつのところはそのうちのどれかである（「かまたは」が成り立つ）。もし、その時点が端的に現在であるなら、過去であるのはかりに未来の視点に身を置いたときであり、未来であるのはかりに過去の視点に身を置いたときである。しかし、再びA変化＝B関係の見地からすれば、新たに登場したその過去や未来もまた、それぞれ過去でも現在でも未来でもあるのだ。以下同様である。

（56）**要約**　A系列を関係と捉えると矛盾が生じた。では、性質として捉えたらどうだろうか。

（57）**要約**　未来であるMが予期という性質を持ち、現在であるMが経験という性質を持ち、過去であるMが記憶という性質を持つ、というわけではない。Mの予期もMの経験もMの記憶も、それぞれ、最初は未来であり次に現在となり最後に過去となるような、一つの出来事にすぎない。それゆえ、未来だった出来事が現在になり過去になるというA系列の変化は、予期されていたものが経験されるようになり、最後には記憶される、という変化ではない。それゆえ、この捉え方は、A系列の変化は性質の変化であるという説の根拠にならない。

注解と論評　たしかに、予期や経験や記憶は、未来や現在や過去のようなきわめて特殊な特性とはまったく異なる、それぞれ一つの出来事にすぎない。だから、たとえば予期という出来事それ自体が、最初は未来であり、次に現在になり、最後に過去になる、といえる。それはその通りなのだが、そうは言っても、予期や経験や記憶は、たんなる一つの出来事とはいえない、きわめて特殊な——出来事そのものの内に未来性・現在性・過去性を内在させた——出来事ではある。だから、たとえば予期という出来事自体でさえも、最初は未来であり次に現在になり最後に過去になるという事実を、最初は予期され次に経験され最後に記憶される、と言えないことはないのだ。

マクタガートの問題を、一つの出来事が予期でも経験でも記憶でもあるのはなぜか、という形で立てられないだろうか。そうすると、問題は、いやしかし同時にそれらすべてであるわけではない、という方向へ進むのではなく、そもそもなぜ同一の出来事だといえるのか、という方向へ進むほうが自然だろう。ある出来事が未来でも現在でも過去でもあるというときには、そのような懐疑論の入り込む余地はなかった。それは前提されていてよかったのである。マクタガートの問題の立て方には、そのような認識論的要素が入り込む余地はない。出来事の同一性の側は前提とされたうえで時間の実在性の側が疑われたのである。（私自身の解釈を入れるなら、その問題が成立するためには、出来事が「現在である」ということそれ自体に存在論的な多義性があることが必要であり、逆に言えば、彼のような問題構成のときにのみその問題が取り出せるようになる。認識論的問題構成では、この存在論的な多義性は不問に付されてしまう。）認識論的懐疑論の場合には、その逆に、時間の実在性は自明の前提とされたうえで、なぜ出来事Mなどという（予期も経験も記憶もできる、したがってそれらとは独立の）客観的な何かが存在するといえるのか、ということが問題になるだろう。予期と経験と記憶が、それぞれ出来事であるなら、別の時点の別の出来事なのか、その内容においては同一の出来事の表象でもあるという事実はどこから出てくるのか、が問題とならざるをえないからである。

問題を人称の場面に移しても同じことがいえる。いわゆる他我問題は、ふつう認識論的に立てられるので、初めから同格の複数の人間が存在していることが前提とされる。この場合、疑わしいとされるのは、内側から直接把握された心（のあり方）と外側から推定された心（のあり方）の同一性である。問題自体は一般的に（だれとだれのあいだにも）立てられることになる。問題が存在論的に立てられると、この「内側」の二義性こそが問題になるだろう。すなわち、端的な内側と端的でない内側との対立である。この世界には端的に他と異なる私の心というものがあるという主張と、そんなものはなく、各人にそれぞれ自分の心というものがあるだけだ（何しろだれもが「この世界には端的に他と異なる私の心というものがある」と主張するのだから）という主張とが対立することになる。この場合は、内側から直接把握された心のあり方と外側から推定された心のあり方の同一性は前提されていてかまわない。出来事が過去か現在か未来かが問題になるとき、出来事の中身は過去でも現在でも未来でも変わらないことが前提とされるように。（この点については、拙著『改訂版　なぜ意識は実在しないのか』（岩波現代文庫）の、とりわけ一八二－三頁の質疑応答も、ぜひ参照していただきたい。）

この段落にかんしては、過去・現在・未来を性質であるとするなら、記憶・経験・予期のごときものを介在させずに、過去・現在・未来自体が性質である、とみなすべきだ、と思う人も多いだろう。それはきわめて特殊な性質であるが、性質であること自体にはとくに問題はないだろうから。じっさい、以下の第58段落（とその注）では、マクタガート自身もそのように考えている。

（58）**要約**　しかし、過去・現在・未来が性質であっても関係であっても、その三つの特性はやはり両立不可能でありかつすべての出来事がその三つを持つのだから、同じ問題が起こる。

＊**要約**　空間的運動のメタファーで表現した場合、A系列が性質として捉えられるなら、それは現在という性質が過去から未来へと動く運動として捉えられる。A系列が関係として捉えられる場合、出来事の側が（未来から過去へ）動いても現在の側が

（過去から未来へ）動いてもよいので、どちらの動きとも考えられる。

注解と論評　現在が未来方向へ動くと捉えるのと出来事が過去方向へと動くと捉えるのとでは、もちろん同じことの二つの捉え方であるともいえるが、そこに違いを見ることもできる。前者の場合は、現在が未来方向へ動くことが時間が経過することであり、そのことによって出来事は過去方向へ過ぎ去っていくことになる。後者の場合は、出来事が過去方向へ動くことがすなわち時間が経過することであり、それだけのことである。後者においては、この動き（動くことそのもの）が時間の経過を表現しているわけである。これに対して、前者、すなわち現在が未来方向へ動く場合には、この動き（動きがあるということそのもの）に加えて、それが未来方向へ動くということが（出来事の到来と過ぎ去りとは別に）時間の経過を表現しているようにも読み取れるので、結果として時間の経過は二重に表現されていることになる。この前者の捉え方に、時計の原型を認めることができるだろう。（時計については、付論の「Ⅲ　時計の針について」も参照されたい。）

最後にマクタガートは、「現在だけが直接経験できる唯一のものであるがゆえに、各人は自分自身を自分の現在の状態と同一視している」と言っている。しかし、この現在を「未来や過去と対比されたものとしての」と言うのは、ある意味ではやはり誤りであろう。現在だけが直接経験でき、過去は記憶によって間接的に経験でき、未来には予期という仕方でかかわることができる、というような並列的な違いがあるわけではないからだ。想起であろうと予期であろうと、すべては現在においてしか起こりえない。記憶による過去の間接的な経験も、未来の予期も、すべて現在においてなされるほかはない、という意味ですべては現在の経験なのである。だから、現在だけが直接経験できる、というよりも、直接であれ間接であれ何であれ、そもそも経験は現在においてしか起こらない、というわけである。

この点にも、現在概念の二義性が隠されているだろう。過去や未来とは違って、現在だけが経験される対象であると同時に経験することそのものでもあるからだ。諸対象のうちの一つであると同時に、自分を含めた諸対象がそこにおいて成立する場でもある、という二義性である。

(59) 要約　ここまでの結論。A系列を実在に適用することは矛盾を含んでおり、したがって、A系列は実在にはあてはまりえない。そして、時間はA系列を含んでいるのだから、時間は実在にあてはまりえない。われわれが何かを時間のうちに存在していると判断するとき、われわれはつねに間違いを犯している。

注解と論評　私見ではこれは、端的なA事実とA変化（＝B関係）のあいだの矛盾である。本質的に同じ矛盾は人称（person）にも認められるので、人間（person）は実在しない、ともいえることになる、と私は思う。

二－2　ありうべき反論への応答と、A系列の存在への心理的根拠からの批判

（60）**要約**　こういう反論がありうるかもしれない。あなたは、時間を前提することなしには時間は説明できない、と言うが、善や真を説明するときと同様、そのことはむしろ時間が究極的であることを証明しているのではないか、と。

（61）**要約**　そうではない。私は時間の観念の実在への適用が矛盾を含むこと（A系列の三つの特性は相互に両立不可能であるにもかかわらず、どの出来事にもそのすべてがあてはまること）を示した。反論として、三つの特性は出来事に継起的に帰属す

るという説明がなされたが、その説明は循環に陥って失敗した。矛盾が除去できない以上、その観念が実在にあてはまることはありえない。

(62) **要約**　発見された矛盾を度外視したとしても、A系列が実在に妥当すると想定すべき積極的な理由が何かあるだろうか。

(63) **要約**　過去・現在・未来の区別は経験における区別から生じている。

(64) **要約**　知覚それ自体は知覚の記憶や予期とは質的に異なった心的状態である。そのことから、知覚それ自体のもつ特性がその知覚を記憶したり予期したりする際には別の特性に置き換えられるのだ、と考えられるようになり、それらの諸特性が、現在・過去・未来となる。この区別が、知覚されたり記憶されたり予期されたりしない出来事へも拡張される。

注解と論評　この議論には無理がある。まず、この段落の前半における主張（要約の最初の三行にまとめたような）が成り立つことはありえない。たしかに、知覚それ自体と知覚の記憶と知覚の予期とは、それぞれ質的に異なった心的状態であろう。であるなら、そのことに基づいて、知覚それ自体「の特性は、私がその知覚を記憶したり予期したりする際には、他の特性に置き換えられる」という信念が生じることはありえない。まして、「それらの諸特性が、現在性・過去性・未来性と呼ばれる」という信念が生じることは、なおさらありえない。

それぞれ質的に異なった心的状態で、そこに内的なつながりがないのであれば、同じ出来事が予期され、知覚され、記憶されるようになる、という連関自体が信じられるようになる道筋がそもそも存在しないだろう。与えられているのが、質的に異なる心的状態だけであるなら、そこから、記憶や予期といった時間的含意をもった連関の存在に思い至る方途はどこにもないからである。知覚それ自体があって、それが記憶されたり予期されたりするなどという連関に思い至ることができるためには、この「異なった心的状態」とは独立に、それらを貫いて存在する、現在・過去・未来という概念連関がすでにして理解されていなければならない。「異なった心的状態」のもつ諸特性はその連関にはめ込まれるほかはあるまい。

もしこの段落のように知覚とその記憶と予期から議論を始めるのであれば、異なった心的状態であることではなく、その異なりにもかかわらず、その異なりを貫いて同じ対象を志向している、という事実に注目するほかはない。心的状態の質的違いとは無関係な連関がすでに存在しており、もし手近なところにその「起源」を求めるなら、それは言語における過去時制と未来時制の存在に求めるしかないだろう。したがって当然、この段落の後半の議論も方向が逆でなければならない。

したがって、この段落で述べられているようなことが、諸々の出来事は過去・現在・未来に区別される、とわれわれが信じるようになる根拠であることはありえないであろう。

（65）**要約**　私が直接的に知覚するときが現在であるとされるが、この定義には循環が含まれている。「私が直接的に知覚するとき」は「それが現在であるとき」を意味するからだ。私はいつも直接的に知覚しているが、それは異なる時点においてであり、したがって継起的にでなければすべてが現在であることはできないからである。これはA系列の根本的矛盾である。

注解と論評　ここで言われていることはまさにその通りであり、この「A系列の根本矛盾」の提示の仕方は簡にして要を得た、優れたものである。それは要するに「現在」の意味と現実のあいだの矛盾である。また、この段落で言われているような根拠によっても、前段落で描かれたようにA系列に対する信念が成立したことはありえないことがわかるはずである。

（66）**要約**　出来事Mが人物Xの知覚Qと人物Yの知覚Rの対象となっているとする。ある時点で、知覚Qは人物Xの見かけの現在の部分ではなくなり、彼にとって出来事Mは過去になるが、その同じ時点において、知覚Rはなお人物Yの見かけの現在の部分でありうる。その場合、出来事Mは過去であるのと同時に現在でもあることになる。

注解と論評　たとえば「その動く眼がよく見ていて快かった」という文が聞こえていたとする。人物Xの知覚Qは、それを「その動く眼がよく、見ていて快かった」と聞いたので、「よく」まで聞き終わった時点で、知覚Qは見かけの現在ではなくなり、過去になる。もしその知覚Qを出来事Mとみなせば、たしかに出来事Mも過去になったといえる。人物Yの知覚Rが、それを「その動く眼がよく見ていて、快かった」と聞いたので、「よく」までは聞き終わって「見ていて」が聞こえている時点でも、知覚Rは見かけの現在の部分であり続けている。もしその知覚Rを出来事Mとみなせば、たしかに出来事Mも現在であるといえる。これは要するに、人によって出来事の捉え方（したがって区切り方）がずれることがありうるということにすぎない。この場合、客観的な出来事そのものは、二人の人物の知覚Qと知覚Rという出来事の区切りからは相対的に独立した、その共通部分ということになるだろう。

（67）**要約**　A系列が主観的なものならば、そういうことがあってもよい。出来事MはXにとっては快楽だがYにとっては苦痛である、のように。しかし、A系列は客観的な実在として考えられているのだから、どの時点においても、出来事Mは現在か過去でなければならず、その両方であることはできない。

注解と論評　何かが実在するからといって、それに主観的な要素があってはならないということはあるまい。A系列が実在するとしても、フッサールの言う過去把持という心理的事実があるので、現在のうちには過去を把持しているという要素があることは当然であって、その幅が人により状況により違っているのは当然だろう。そういう要素が存在するということは、A系列の実在論の正否とは関係ないだろう。

(68) **要約**　すべての見かけの現在が同じ持続を持つわけではないのだから、それらが実在的な現在の固定的な持続と一致しているとは考えられない。ゆえに、実在的な現在は、見かけの現在と同時的であるとは言えない。このような現在の存在を信じるべき由はない。

注解と論評　この段落の後半には誇張が含まれている。実際には人々の「見かけの現在」にはかなりの一致があり、それだけで現在の客観的存在を信じるに十分であろう。むしろ逆に、人々の現在が大幅にずれている場合というものを想定してみるのは、意外に難しくはないか。「見かけの現在」にずれがあるとわかるということは、むしろ基本的な一致があるからである、と言いうるだろう。

(69) **要約**　A系列の現在は幅のある持続ではなく未来と過去とを分かつ点にすぎないと考えると、別の困難がある。すなわち、われわれが知覚する時間は、現在と未来と過去の三つの持続に分割されるが、客観的時間には現在によって分割された二つの持続しかないことになるので、経験の現在とは名前以外に共通性はないことになる。

注解と論評　「まったく別の何か」というのは誇張だろう。単に別の何かであって、まったくではなく関係はしていざるをえない。また信ずべき理由は立派にあって、それは過去と未来があるということだろう。とすれば、その分け目があるはずだ、と。その際、われわれが経験するその分け目には若干の幅があって、分け目があいまいであっても、そこにさほど重大な問題があるとは思えない。

(70)　**要約**　見かけの現在は人によって異なっているので、どんなことも異なる現在を通り過ぎることになるが、それくらいなら、どんなことも現在を通り過ぎない、と言ってもよいはずだ。

注解と論評　しかし、会話が成り立つところを見ると、人々の見かけの現在には共通の現在があることになるのではあるまいか。

二－3　C系列の実在性

(71)　**要約**　A系列もB系列も実在しないという結論になったが、まだC系列が実在する可能性がある。

(72)　**要約**　時間系列における出来事として知覚されたものは、実は非時間的なC系列であるということも、そもそも系列をなしていないということも、ありうるが、前者のほうがありそうである。

(73)　**要約**　もしそうだとすると、時間という見かけには真理も含まれていることになる。たとえば二つの出来事が同時である場合、その二つは何らかの系列において同じ位置を占めていることになる。

(74)　**要約**　出来事M、N、Oが異なる時点にこの順序で起こるとされる場合は、これらの出来事は何らかの系列において異なる位置を占めており、Nの位置はMとOの間にあることになる。

(75) **要約**　この見解はカントよりもヘーゲルに近い。ヘーゲルは時間系列における順序には無時間的実在が反映されているとみなしたからだ。

(76) **要約**　C系列が現実に存在するか否か、そしてもし存在するなら、C系列における諸々の位置は単純に究極的な事実なのか、それとも何らかの性質の総量の変化によって決定されるのか、といったことは今後の議論に委ねられる。

(77) **要約**　もし時間や変化が現象に還元されるとしても、時間の内にあって変化する現象に還元されねばならないのでないか、すると時間は結局のところ実在することにならないか、といった問題には今後答えたい。

第三部　付論

Ⅰ　A系列とB系列

1、A系列とB系列という分類と、A系列の内部矛盾

第4段落には、二つの分類基準が示されていた。①A系列は一つの出来事や時点がそれ自体で持つ特性であり、B系列は二つの出来事の相対的関係である。②A系列の諸特性は変化していくが、B系列の関係は変化しない。これを次のように言い換えることもできる。①A系列では端的なある一点を中心にして過去と未来が分割されるのに対し、B系列では任意のどの一点を取ってもそれより前とそれより後の区別がなされる。②A系列の特性は現実に動くが、B系列には向きだけがあって現実に動きはしない、と。

その段落の「注解と論評」でも述べたように、私は、この二つのうち①のほうを、

A系列とB系列という区別の本質であるとみなしている。A系列の本質は、ある一時点が現在であるなら、他のどこもけっして現在ではなく、その端的な一時点を中心にして過去と未来が分かれる、という点にあり、B系列の本質は、同じ区別がどこを取っても成り立つ、という「金太郎飴的構造」にある、と。

①と②のどちらを基礎的と見るかによって、マクタガートの言う時間の「矛盾」を見る見方が変わる。そして、私の見るところでは、かなり多くの人が②をA系列の本質とみなしたうえでその矛盾の意味を解釈しているように見える。私は、それでは最も興味深い論点が見逃されてしまうと考えている。私見では、この①と②の矛盾こそがマクタガートの言う時間の「矛盾」の正体だからである。

少しだけ、A系列の矛盾という問題の端緒に触れておこう。過去と未来への時間全体の端的な二分割をその本質とするという意味での現在は、ところがしかし、現実には動いていくので、それが現にどこにあるか（どこにしかないか）を言うためには、「今はここにある（現在はこの時点が現在である）」という仕方で、「現在」を二重化して使わざるをえない。一つの捉え方では、これが問題の始まりである。現在は動く（同じ「現在である」という性質を維持したまま違う時点に移る）から「その現在が現在はここにある」と言わざるをえないことになるわけである。

ある意味では、その動きこそがこの世界で起こる唯一の変化であるともいえる。過去や未来に変化はない。現在が出来事系列上を動く（あるいは出来事系列が現在上を動く）ことが唯一の現実存在する変化で、過去に起こった、あるいは未来に起こるであろうさまざまな変化は、この現在の現実的移動の想定上の拡張にすぎず、本物の変化ではない、ともいえる。だが、通常の語法はその逆であろう。すなわち、過去に起こった、あるいは未来に起こるであろうさまざまな変化は、もちろん本物の変化であり、現在の現実的移動の際に起こる変化は（「いま起こっている変化」という名の）その一例であるにすぎない、と考えられている。後者の語法をとらざるをえないのは、われわれが現に持っている「変化」概念は時制貫通的だからである。「変化した」や「変化するだろう」の「変化」は真の変化ではない、という言葉遣いを、われわれの「変化」概念がゆるさない。じつはこのことは「現在」概念それ自体にも波及する。それがすなわち、「現在だった（過去における現在）」「現在になるだろう（未来における現在）」である。

このことによって、動く現在と端的な現在とが、ともに「現在」という語で表現される理由がわかると思う。しかし、この言葉遣いには矛盾が含まれていると言わざるをえない。ここにしかない「この現在」とどこにでもある「いつでも現在」とが、ともにただ「現在」と呼ばれているからだ。そして、言葉遣い上では、どこでも「この現在」であるのだから、「この現在」は「どこでも現在」に同化してしまわざるをえない。このことこそがマクタガートの主張する時間の「矛盾」の正体であろう。こう言ったからといって、これはつまらない語法上の問題にすぎない、と言いたいのではない。その逆である。まさにこの語法（もちろん「私」についても同じ語法上の問題がある）の獲得こそが、われわれの世界像の根幹を形づくっており、その影響の深さは計り知れないほどである、と言いたいのである。

この問題そのものには、この付論（および「注解と論評」）全体が答えることにして、その前にもう一つ、マクタガートの議論展開そのものに即して指摘しておくべきことがある。いま指摘した問題は、マクタガートが第4段落においてA系列の動性を説明する際に言った「今、現在である」を素直に解釈したとき自然に出てくるものだが、これと、彼が第54段落においてA系列の矛盾を示すために言った「現在において現在」とはどう関係するのだろうか。全体の議論の構造から見て、この二つは同じことを言っているのでなければならない。しかし私は、第4段落については、いま述べてきたように「動く現在が今はここに来ている」と言っているると解釈しているのに対して、第54段落については、そこの「注解と論評」で述べたように、すべてがそこで生起する原点としての「現在」をその対象にすぎない過去や未来（における現在）と並列的な一つの時点へと格下げ（あるいは格上げ）している、と解釈していた。この二つは違うことではないか、と思う人がいても不思議ではない。しかし、これは同じことである。「動く現在が今はここに来ている」というのは、見方を逆にすれば、その「今」の格下げ（あるいは格上げ）でもあるからだ。他の何にも似ていない、すべてがそこから開けているまったく特別な原点である現実の現在を、他の（過去や未来に成立する）可能的な現在たちと同列に引き下げて（あるいは引き上げて）いるからである。これは、実はそれしかない、端的にそこから始まる原点を、再帰化・反省化することによって一個の対象とみなし、他の諸対象と同列に置く、というあの操作の一例である。

とはいっても、そのことと、現在における現在が過去における未来や未来における過去でもあるという話とは違う話ではないか、と思う人がいるかもしれない。しかし、同じ話なのである。過去における未来とは、その過去が現在である時のその現在にとっての未来という意味であり、未来における過去とは、その未来が現在である時のその現在にとっての過去という意味だからである。そして、「動く現在が今はここに来ている」とは、その同じ現在が過去や未来においては別のところにあったしあるだろうという意味だからである。つまり、ポイントはあくまでも現在の相対化にある。ある時点が過去でも現在でも未来でもあるとは、逆に言えば、現在はどの時点でもある、ということである。二〇一七年が過去でも現在でも未来でもあるとは、現在が二〇一七年以降でも二〇一七年でも二〇一七年以前でもあるという意味である。

　なぜそうなるのかと言えば、それは「いつでも現在である」の現在ではなく、「その「いつでも」のうちの一時点が端的に現在である」のほうの「現在」の在り処が、本質的に「その内側からしか捉えられない」というあり方をしているからである。したがってそれは、その外側から見れば、実在しない。この問題については、ウィトゲンシュタインの「独我論は語りえない」と関連づけて何度か触れているし、拙著『存在と時間――哲学探究1』の第10章ではヘーゲルの『精神現象学』と関連づけてくわしく論じているので、ここでは少し別の角度から語ってみよう。

「現在」にはそれを他の現在から分かつ識別的特徴がまったくない。つまり、まったくの無個性である。外から見れば（外部から何らかの規定を与えようとするなら）どの現在もまったく同じである。違いはもっぱら、起こっている出来事（キリストが生まれてから何回目の地球の公転が起こっているか等も含めて）の側からしか与えられない。しかし、識別的特徴とはいえない（外部からはそれを使って識別できない）きわめて独特な特徴はあって、それは「それしかない」、「現にそれしか与えられていない」といった特徴である。たくさんの人間たちの中から〈私〉を識別する際にも、われわれはこの独特の特徴を使うだろうが、それは当人にしか使えないので、他人がそれを（どう）使っているかを知ることはできない。この意味では、他人の〈私〉は端的に存在しない。他時点の現在が端的に存在しないように。人間の場合の識別的特徴はもちろん、顔かたちや遺伝子であるが、それよりも本質的には、たとえば、永井均であること、といったことである。そして、〈私〉の場合もそうであるのと同様、諸々の「現在」をその外から識別する方法は存在しない（識別するには、出来事や時点でする以外にない）。

現在の動きという観点から見るならこう言える。ふつうの物体の動き（時計の針の動きを含めて）なら、その物体がいつどこにあるかを語ることができる（「首相は午後二時に官邸に」等々と）。何が、いつ、どこに、と要素が三つあるのだ。しかし、現在の動きの場合、現在がいつにあるいはどこにあるかしか語れない（ここには「いつ」しかなく、それを比喩的に「どこ」と表現すれば、もはや「いつ」はなくなる）。たとえば二〇一六年九月五日午前二時に、などと。「で、それがそこにあるのはいつなのだ？」などという問いにはもはや答えようがない。要素はもともと二つしかなく、そこでもう手詰まりだからだ。

ここには、特定の出来事（か時点）と、それが（その内側から見て）現在であることとの二つの要素しかなく、そのうち一方は他者からも認めてもらえる識別的特徴がないので、それの位置を語るには出来事（か時点）の側の力を借りるほかはない。二〇一六年九月五日午前二時が現在である時と言っても、それは二〇一六年九月五日午前二時にとってのその時（という意味での現在）と理解されるほかはないことになる。私が私のことを「私」だと言えば、それは、永井均が自分のことを（反省的に捉えて）「私」だと言っていると解されるほかはないのと同じことである。それでよいならば、だれから見てもそうである。それはいわば客観的事実だからだ。私は、そんなことを言いたかったのではないのだが（永井均という人の反省意識のことなど考えたこともなかったのだが）、私の言いたかったもっとはるかに単純で端的な事実は、どういうわけか他の人々に対しては決して言えないようになっているのである。現在にかんしても、事態はこれと変わらない。二〇一六年九月五日午前二時が現に現在であるなどという事実は「実在しない」のである。（時間が問題である場合には、この問題を現在が瞬間的に過ぎ去るという問題と混同する人が多いので、「二〇一六年九月五日午前二時」を「二〇一六年」に、「現在」を「今年」に置き換えても、まったく同じ問題が成り立つことを付け加えておく。）

2、A系列における「変化」の意味と、B系列の本質

現在は「未来においては過去」で「過去においては未来」である、と言われるとき、現在が現実に動く、と見ることが重要である。とはいっても、過去や未来のことなのだから、現実には、もう動き終わってしまったか、まだ動いていないか、であるのだが。この二重の現実性を捉えることが重要である。このことを強調するのは、こ

れをたんに想定上の（つまり現実ではない）視点の移動と見ることもできるからである。もしそうであれば、もし未来（のある時点）から見たら現在はどう見えるか、もし過去（のある時点）から見たら現在はどう見えるか、と問われていることになり、その答えは、前者は「過去」ではなく「より前」であろうし、後者は「未来」ではなく「より後」となろう。もちろん、かりにであってもそこから見るということは、そこをかりに「現在である」とみなすということで、そこ以外には現在がないとみなすことだ、と考えるなら、やはり「より前」や「より後」ではなく「過去」や「未来」と呼ぶべきだ、ともいえる。これは、どちらにしても、二つの出来事や時点を平坦に比較して、「より前」「より後」を論じている場合――すなわちたんなる金太郎飴的B系列の場合――とは違うことをしているからである。たんなる想定上の視点の移動の場合でもそう見ることもできるといえ、とりわけ現実の時間的変化の場合には、人称や様相の場合と異なり、現在が現実に動く（現実にはもう動き終わってしまったりまだ動いていなかったりするとしても）ので、そのことを語るためには、現在の単数性（どちらかが現在）と複数性（どちらも現在）をいっぺんに使う必要が生じる。

初めから完全に金太郎飴的であるB系列とは違って、ここには端的な現在という唯一の突出点がありかつないという一種の矛盾構造は避けられない。この動きには、つねに端的な現在という突出点が含まれているのだが、それがまさに「つねに」であることによって、そうした突出は捨象されて平準化され、いわば動き一般という形に抽象されたものが取り出されうるからである。それが、B系列である。

第4段落の「注解と論評」の①で、「現在というものの実際の動きは捨象して、その動きの向きだけを抽象して残し、ある時点にとっての過去方向と未来方向というものを考えてみるなら、それはより前とより後と同じものになって、変化しない（永続的である）」と書いた。この想定の場合、どこをとってもこの同じ関係（任意の起点を現在と置いた過去・現在・未来）が成り立つから、これはB系列である。向きだけを抽象しているとはいえ、これは抽象であって、その抽象は動きからしかなされえないのだから、B系列であっても（であるからこそ）動き（変化）が前提されているといえる。B系列の持つ「どこをとっても性」はむしろ「動き（変化）」というものが持つある一面を抽象しているといえるからだ。それはむしろ、抽象化された動きだといえるだろう。もちろん、現実の具体的な動きは、まさに動くことによって、「どこをとっても」ではない、現に動いている一点が、必ず生じてしまう、と、どこまでもいえるのではあるが。

動きであっても、並んで置かれた二つの物差しが徐々にずれていくという表象の仕方だと、「どこをとっても性」がうまく表現されることになる。二つの物差しによって表象された出来事系列と現在系列が、そのすべての個所で等しくずれていくなら、「動く金太郎飴」が成立することになるだろう。ここで「現在系列」とは、複数の現在が順番に並んでいる系列であり、現在をこのように表象すれば、そのことによってこれはB系列となる。B系列はこのような意味で動的である。（これに対してA系列は、どんなに相対化・一般化されても、想定上であってもつねにある一点だけが現在であることだけは固守しなければならない。）

B系列の本質は、あくまでも金太郎飴性、あるいは「どこをとっても性」であり、A系列の本質は、あくまでも「端的な一点による分割」である。動性はどちらにもあるが、どちらかといえば（マクタガートに反して）B系列のほうが、その本質そのものが時間的動性から抽象されて出来ているという点で、動性に親和的であるといえる。対して、A系列の本質である端的性は動性とは独立の性質である。動性はA系列にとっては偶有的な属性にすぎない。

このことを「＋」と「－」の二つの意味を使って捉え直してみよう。一つは小学生でも知っている足し算と引き算の意味での「＋」と「－」で、もう一つは中学生になって初めて習う正の数と負の数の意味での「＋」と「－」である。この比喩を使って時間というものの本質を表現すると、こうなるだろう。たとえば0＋3の答えはもちろん3で、0時から三時間経てば3時になるのだが、しかし、三時間経つとそこが新たな現在になるので、答えは0でもある。数直線上の移動で考えるなら、どんなに移動しても、移動した先は（移動したその分が足されると同時に）いつも新たな0にもなる、ということになる。だから、一本の長い物差しとともに、「次々と新たに成立する0から始まる、次々と新たな物差し」もまた必要になるわけである。これは歴史の累積一般についてもいえることで、時間の本質はこの累積と御破算（つねにすべてをチャラにすること）の同時成立にあることになる。

これを使ってA系列の内部矛盾（の一端）を表現するなら、こうなるだろう。たとえば、現在が「過去になるだろう（未来においては過去である）」とは、0は「＋から見れば－である」（それへの足し算の答えから見ればそこからの引き算の答えである）ということだが、しかし、0は0であって（たとえ何かからの引き算の答えであっても）マイナスなどではない、ともいえる。現在は、過去において未来でも未来においても現在のままである。いくら「……だった」とか「……なるだろう」と言われても、そのように過去形や未来形で言われている以上、つまり現在でないことが前提されているわけだから、現にそうではなく、そうである時点を想定しているにすぎないのだから、そこにおいてどうであろうと、現在は現在である。そこにおいてはそう見えるといえるだけで、現実にそう見えはしない。

このような議論は、〈私〉についてならきれいに成り立つ。実際、〈私〉は、一面において、だれから話しかけられようと、だれの話題になろうと、すなわち「あなた」になろうと「彼」になろうと、依然として〈私〉のままである。話しかけてきた人や、私を話題にしている人が、新たな〈私〉になったりはしない。そのように主観的連続性を捉えることができていなければ、客観的世界そのものが崩壊してしまうだろう（これが超越論哲学の根源洞察である）。しかし、時間の場合はそうではない。端的な現在というものはたしかにあるとはいえ、つねに新たなそれが（前のそれに取って代わって）成立していくからである。だから、言ってみれば、以前には＋だった時点が新たに0となることによって、（混在なしに「＋」「－」とも絶対的な正と負の意味で）「0は＋の側から見れば－である」という、ありえないはずのことが実際に成立するわけである。未来（＋）だった時点が新たな現在（0）になることによって、たんに引き算の意味ではない負数の意味での－（過去）が、実際に成立してしまうのである。〈私〉の場合と違って〈現在〉の場合は、加減と正負の区別が現実に破れていくわけである。（それだからこそ、「時点Mは過去でも現在でも未来でもある」というような見方が、実際に成り立つわけである。）

現在が次々と新しく成立するといっても、その一つ一つの場面を見れば、やはりつねに端的な（他の現在の存在を端的に拒否する）現在が存在しているわけだが、そのプロセスそれ自体をその外から見る客観的な視点に立てば、現在たちがただ順番に成立していくだけのことに見える。結果的に「どこをとっても性」が成立し、抽象的に見れば、向きだけ残したのと同じことになる。これはもちろんB系列であるから、時間的変化はその本質の内部に保存されていることになる。それでも、「今はここが現在だ」と言わざるをえなくなるのは、このように金太郎飴化され、対等で均等な現在が成立してしまえば、「いや、そうじゃないぞ。ここここそが本当の現在だぞ」と、その現在の内側から（過去や未来の「だった現在」や「なるだろう現在」に対抗して）主張する必要が生じてくるからである。これは避けられないことなのだが、しかし今度は、そのこと自体が立て続けに起こる(外から見れば「言い続け」られる)ことになって、結果的にそれ自体が金太郎飴化してしまう。この累進構造は「悪しき無限系列」と言いうるものである。

つまり、A系列はB系列に侵食され続け、逆に、B系列はA系列に侵食され続けるわけである。一方では、端的な現在といっても、必ず次々としかも順番どおりに実現していくのだから、それを金太郎飴的に眺める視点の成立は避けられない。他方では、しかしその金太郎飴は動的なそれで、内部にその秩序から超越する要素をつねに(しかし一様にではなく)内在させざるをえないわけである。

しかし、もしその二つの要素を鮮明に対立させるなら、こういえるだろう。われわれが、出来事や時点の側にではなく、現在の側に乗っている存在である以上、「いつでも現在」(現実の動く現在)の現在と、その中で「ここが現在」(端的な現在)の現在の対立は避けられない。したがって、われわれが乗っていないところ(すなわち過去と未来)にかんしても、前者からの意味でのそれと後者からの意味でのそれの二つがつねにあることになる。現在も過去も未来も、意味としてはこの二つともを表すことができるが、意味であるというそのことによって、前者の側に親和的であることはやむをえない。

言い方を変えれば、A系列の過去・現在・未来には、少なくとも三つの捉え方があることになる。第一は、端的・絶対的な捉え方。第二は、動的・変化的な捉え方。第三は、概念的・相対的な捉え方。この三つである。矛盾は第一と第二のあいだにあるとも、第一と第三のあいだにあるとも、どちらともみなすことができ、マクタガートの議論にも両義性がある。しかし、彼は論じていない（と解釈できる）が、第二と第三のあいだにも矛盾があるとみなすことができる。これは、第二の動的A系列それ自体を端的・絶対的・唯一的とみなした場合、それを概念化・相対化・複数化したものとのあいだに成立する矛盾で、じつをいえばマクタガートの議論をこの意味に解釈することもできるのである。しかし、この点については、ここで論じると話がよりごちゃごちゃしてしまうので、あまり触れないことにした。

3、A変化＝B関係という等置と、それとA事実との対立

われわれは時点や出来事の視点に立って、その時点や出来事が未来である状態から現在である状態へ、現在である状態から過去である状態へと変化する、といったことを経験することはできない。それは不可能である。またその逆に、現在の視点に立って、その視点自体が出来事系列を未来方向へ動いていくことを経験するといったことも、不可能とはいえないが、あまり自然な経験の仕方だとはいいがたい。可能でそのうえ自然なのは、その現在という場に、出来事系列が未来方向から到来しては過去方向へ去っていく、という経験の仕方であろう。水が沸騰するとか、にわか雨が降ってきて数分でやむとか、人が二階へ上るとか、そういう普通の意味での変化は、みなそういう経験の仕方として解釈でき、それは比較的自然な解釈である。

人が階段で一階から二階へ移動する場合、通常、変化と言えば、初めは一階にいたが、次に一段目にいるようになり、その次に二段目にいるようになり、……、最後に二階にいるようになる、といった（ように現在が動く）変化であろう。変化のプロセ

スをこう捉えると、それを「未来から現在へ、現在から過去へ」の変化と表象することはできない。たしかに、階段の三段目にいるという状態も、七段目にいるという状態も、途中のあらゆる状態が「未来から現在へ、現在から過去へ」と変化していくではあろうが、一階から二階へ移動するという変化そのものはそういう変化ではない。もちろん、一階から二階へのその移動という出来事そのものもまた「未来から現在へ、現在から過去へ」と変化するだろうが、それはまた別の問題である。一階から二階への移動というその変化そのものは「未来から現在へ、現在から過去へ」の変化ではないのだ。（二〇度の水が加熱されて、五〇度の状態、八〇度の状態を経て一〇〇度に達するケースで考えても、まったく同じことがいえる。）

マクタガートの根本前提に反することを言うことになるが、このような変化は、つまりわれわれが「変化」と呼んでいるごく普通の変化は、マクタガートの言う意味でのこうしたA系列的変化ではなく、むしろB系列的関係に近いものである。B系列的関係に近いと言う理由は単純で、一階から二階に移動するというこの変化は、「二階にいることが一階にいることより後である（一階にいることが二階にいることより前である）」というB系列的関係と同じことを言っているからである。B系列的関係は固定的で、そこには変化が含まれていない、と言われることがあるが、そんなことはありえない。この関係はまさに「一階から二階へ移動する」という普通の意味での変化と同じことを言っており、またその変化は、すでに述べたように、一階から二階へ移動するその各段階が「未来から現在へ、現在から過去へ」とA系列的に変化する、という意味だからである。だから、すべてのB関係は必然的にA変化を内に含んでいる。

マクタガートのこの論文を世に知らしめた「マクタガートの時間の非実在証明を擁護して」という有名な論文の最初の頁（『真理という謎』勁草書房、三七〇頁。「事件」という訳語を「出来事」に変えて引用）において、著者マイケル・ダメットは、A事実なしには変化がありえないことの理由として、次のようなことを言っている。「もし出来事Mが出来事Nに先立つならば、MがNに先立ったということはつねに真となるであろうし、MがNに先立つであろうことはつねに真であった、からである」と。つまり、こういうB系列的関係だけでは変化が出てこない、ということである。

素朴に考えれば、「出来事Mが出来事Nに先立つ」といえるのであれば、未来だった出来事Mが起こってから（その出来事は終わって、次に）出来事Nが起こる、という「変化」が存在することはすでに前提されていると言わざるをえない（それ以外にこの文をどう理解したらよいのだろう？）。A系列用語を使って表現するなら、まずMとNがともに未来であり、次にMが現在でNが未来となり、次にMが過去でNが現在となり、最後にMとNがともに過去となる、ということになろう。「出来事Mが出来事Nに先立つ」とはそういう意味であるほかはあるまい。「つねに真である」（真理値が変わらない）ということは、このような変化が起こる（起こった）という事実それ自体が変化しないということであり、変化の存在という事実自体が変化しないのは自明のことではなかろうか。

すぐ続けて、ダメットはこう言っている。「変化が存在するのは、われわれが、たとえばある出来事Mについて、それが未来にあることをやめていまや現在にあり、そのうち現在にあることをやめて過去のものになる、と語れるという事実があってのことである」。しかし、すでに引用したこの前の文は、その事実があるということをすでに言っている（としか理解しようがない）のではないだろうか。とりわけ「……であることをやめて……になる」という要素は、むしろ何かが何かに「先立つ」というB系列的関係と同じことを言っているとしか理解できないだろう。これが、この個所にかんする第一の疑問である。同じ個所にかんする第二の疑問は以下のようなものだ。

ダメットは論文冒頭で「二種類の時間的事実」を区別して、A系列の側の事実を「出来事Mは、過去か、現在か、未来か、である」と規定している。そして、変化はこの種類の事実と結びついて「はじめて入り込むことができる」と言っている。しかし、そうだろうか。このA系列的事実は、それだけでは「ある出来事が未来であることをやめて現在になり、現在であることをやめて過去になる」という「変化」を入り込ませることはできないだろう。金太郎飴的B系列のどこか一点に、なんらかの意味で特別の性質を持った「現在」という名の分岐点を与えてやれば、それだけで、いかなる出来事も過去か現在か未来のいずれかだといえるからである。この「なる」は、「いかなる出来事も過去か現在か未来かである」というA事実だけからでは出てこない。では、どこから出てくるか、といえば、もしこの意味でのA系列とB系列の分類だけを前提にするなら、むしろB系列から、と言うほかはない。比較級（日本語訳では「より」）という形で、あるいは最初の引用文では「先立つ」という形で、すでにして「変化」を表現しているのは、むしろB系列的関係のほうだからである。

もちろん、その変化が全体として過去に起こったことであれば、「……変化する」ではなく「……変化した」となり、全体として未来に起こるであろうことであれば、「……変化する」ではなく「……変化するだろう」となるが、全体として過去であろうと未来であろうと今まさに起こっていようと、その内部の各段階が「未来から現在へ、現在から過去へ」とA系列的に変化することに変わりはない。それ以外の仕方で変化することは不可能だからである。一般に状態S_1が状態S_2に変化する（S_2はS_1より後である）とは、まず状態S_1と状態S_2がともに未来であり、次にS_1が現在でS_2が未来となり、次に（この段階は省略できるが）S_1が過去でS_2が未来となり、次にS_1が過去でS_2が現在となり、最後にS_1とS_2がともに過去となる、ということである。この意味で上のつながりは、その変化が百年前に起きようと千年後に起きようと、そういう端的なA事実の問題とは関係ない。したがって、状態S_1から状態S_2へのその変化が、全体として未来から現在に変化し、現在から過去に変化したとしても、そのような端的なA変化は、「状態S_1が状態S_2に変化するとは、まず状態S_1と状態S_2がともに未来であり、次にS_1が現在でS_2が未来となり、次に（この段階は省略できるが）S_1が過去でS_2が未来となり、次にS_1が過去でS_2が現在となり、最後にS_1とS_2がともに過去となる、という意味である」という意味上の関係に影響を与えることはない。

したがって、通常の意味での変化（水が加熱されて沸騰するとか、雨が降ってきてしばらくしてやむとか、人が一階から二階へ移動するとか）は、Ｂ系列的関係と同じことを意味しており、しかもそれはＡ系列的な変化の連鎖として理解できる。たとえば「二〇一六年七月六日の午後二時一二分から一三分にかけて、Ｎ氏が自宅の一階から二階へ移動する」という変化は、その内部に無数の「未来から現在へ、現在から過去への変化」の連鎖を含んでいると理解せざるをえないにもかかわらず、実質的にＢ関係であり、いつの時点においても（つまりそれが過去になっても、現在であっても、また未来であっても）ただこの変化であるままで、まったく変化しない（すなわち端的なＡ事実からはいかなる影響も受けない）。

しかし、「全体として過去であろうと未来であろうと今まさに起こっていようと」と言われる際のＡ系列と、その内部の各段階が「未来から現在へ、現在から過去へ」とＡ系列的に変化すると言われる際のＡ系列との関係はどうなっているのか、と疑問に思う人がいるかもしれない。一言で答えるなら、前者は端的なＡ事実の問題で、後者は概念的なＡ変化の問題であって、両者は独立に捉えることができ、またそう捉えざるをえない、ということになる。もちろん、端的なA事実もまた、端的にではなく、かりにある時点（出来事）を現在とみなす、という仕方で相対的な概念として適用することができるし、逆に、概念的なA変化もまた、現にいま起こっている端的な変化に対して直接適用することができる。それでも、すべての変化は概念的にA変化を含んでいるという問題と、端的なA事実が現に存在しているという問題とは、分けて考えることができ、またそうせざるをえない。

端的なA事実のほうを出発点とするなら、すべてのA変化は端的な一回性のA事実（一つしかないこの動く現在）に乗っていることになり、その場合、虚構世界にA変化が存在しないことは自明となる。概念的なA変化を出発点とするなら、虚構世界にもA変化がありうるし、またあらざるをえないことになり、その場合、そこから逆に、その世界におけるA事実の存在も（すなわち、端的に端的ではない、概念的に端的な現在の存在が）要請されることになる。

ところで、一階から二階へ移動するという変化がその内部に無数の「未来から現在へ、現在から過去への変化」の連鎖を含んでいると言われる際の、その「連鎖」とは何か。そもそも一回性のA系列的な変化が連鎖するのはなぜか。階段の例で言えばこうである。一段目にいることが未来から現在へと変化し、次にそれが、現在から過去へと変化するそのとき、二段目にいることが未来から現在へと変化する。次に、そのことが現在から過去へと変化するそのとき、三段目にいることが未来から現在へと変化する。……、そのようにして最後に、二階にいることが未来から現在へと変化する。水が沸騰にいたる変化なら、もっと簡単である。温度が高くなるとは、次々とより高い温度状態が「未来から現在へ、現在から過去へ」と変化していくということであり、もっと簡単に言えば、次々と現在になっていく、ということである。一つ一つの段階に注目すれば、それぞれに一回だけ「未来から現在へ、現在から過去へ」の変化が起きるだけだが、その連鎖に注目すれば、むしろ現在という特殊なものが各段階の上を移動していくことになる。そういう見方をせざるをえない必然性があるわけである。

もちろん、このように見られた現在の移動もまたA系列である。端的な移動の事実そのものに着目すればA事実であると言うこともできる。しかし、繰り返して言うが、この移動自体は、変化一般にかんして言えることなのだから、端的な現在が現にどこにあるか、現にどこを移動しているか、には関係がない。という意味では、これはすでに、端的なA事実とは独立の〈A変化＝B関係〉なのである。対立はむしろ、この〈A変化＝B関係〉と端的なA事実とのあいだにあるわけである。あるいは、〈A変化＝B関係〉を可能にするような端的でないA事実と、端的なA変化だけに関係するような端的なA事実とのあいだにあるわけである。これは要するに「現在」概念に内在する矛盾であり、そこから変化という側面だけを引き去るなら、「私」についてもまったく同じ矛盾を見て取ることができる。（このことを、私はその昔「自己という概念に含まれている矛盾」（拙著『哲学の密かな闘い』所収）という論文において指摘した。）

この移動においては、現在が連なると考えざるをえない。ということは、現在は（連鎖している出来事の数だけ）複数個存在することになるだろう。そのうちどれが現実に端的な現在であるのか、という問題はたしかにあり、そのうちどれかが現実に端的な現在である、という事実は確かにあるのだが、そのことはつねにその内部からしか捉えられず語りえない、という論点についてはすでに何度も触れたのでもはや繰り返さない。

もう一度、B系列について確認しておこう。B系列には実際の時間的変化から抽象されたたんなる変化の方向しか残っていないのに、それでなぜ変化を表現できるのか、と問われるならば、答えはこうであろう。現実の端的な時間的変化（端的な現在による時間全体の二分割）が度外視されても、残されたものが時間的変化の方向である以上、それはむしろ、どこを取っても任意にその二分割の存在を想定できるような系列が残されたことになるからだ、と。そういう意味では、B系列こそが時間的変化の本質を提示している、といえることになるわけである。

II　矛盾はどこにあるのか

1、矛盾と変化

マクタガートの言う「時間の矛盾」という問題の根底にあるのは、われわれの時間観念の根幹にあるA系列概念（過去・現在・未来という概念）のもつ二義性である。すなわち、いかなる時点も現に過去か現在か未来か（のどれか一つ）である、という端的なA事実と、いかなる時点も未来から現在へ、現在から過去へと変化する、という本質的なA変化との二義性である。後者はむしろB系列に近いのだ、と私は論じてきた。問題は、この二種のリアリティのどちらを根底に置くべきか、われわれには決定する能力がない、という点にある。

彼はまず、ある出来事は過去か現在か未来か、そのうち一つでなければならないが、またそのすべてでもあらねばならず、そこに不整合がある、と言う。その理由はじつは簡単なことで、過去・現在・未来は、一方では、ある出来事がそれ自体で持つ端的な特性であると同時に、他方では、どんな出来事も〈未来⇒現在⇒過去〉と変化するという関係的な特性でもあるからである。端的を絶対的、関係的を相対的と言い換えてもよい。相対的とは、それ自体においてではなく「どこにおいて（どこから見て）？」を含むという意味である。マクタガートは、時間のそういう関係的・相対的なあり方のほうはB系列に譲り渡したつもりだろうが、出来事が「初めは未来で、次に現在になり、最後に過去になる」というA変化を、A系列の本質に含めたことによって、期せずしてA系列に関係的性質をも与えることになった。彼自身が言うように、「未来だった」とは「過去において未来」という意味で、「過去になる」とは「未来において過去」という意味だからである。そして、「出来事」概念それ自体がこのA変化を本質とする。

しかし、そう考えると不思議なのは、まさにこのA変化の事実こそが彼が矛盾を言い立てる議論の根拠となっており、しかも変化を不可能にする側の事実とされていることである。「もし出来事Mが過去であるなら、それは現在と未来だった。もしそれが未来であるなら、それは現在と過去になるだろう。もしそれが現在であるなら、それは未来だった、そして過去になるだろう。このようにして、それぞれの出来事に、両立不可能なこの三つのタームがすべて述語づけられうる。このことは、明らかに、それら三つのタームが両立不可能であることと不整合であり、それらが変化を産み出すことと不整合である。」(第51段落)。最後に「変化を産み出すことと不整合である」と言われているそのことは、引用文の前半に言われているような、「……だった」とか「……なるだろう」といった変化そのものなのである。それらは、変化を産み出すことと不整合であるどころか、もうすでに変化そのものではないか! これを「過去において未来」や「未来において過去」に言い換えると、たしかに変化が目立たなくはなるが、それでも「過去において」とは「……だった」の意味で「未来において」は「……なるだろう」の意味なのだから、やはりすでにして変化そのものを語っていることに変わりはないだろう。

マクタガートの戦略は、その「過去」や「未来」の諸時点もまた、関係的・相対的視点から見れば過去でも現在でも未来でもある、という点にある。これはいわば、変化を遍在化することによって端的な変化を消滅させる、という戦略である。これによって消滅させられる変化は、ただ一つだけ現にここに現在があり、現に過去になる、という意味での現実存在（exist）する唯一のA変化である。それは、どこでも起こっている〈未来⇒現在⇒過去〉の変化のたんなる一例とされることによって、端的なA系列的変化ではなくなって、消滅するのである。このように、端的さなしの関係性だけで捉えられると、両立不可能性（過去・現在・未来のどれか一つでしかありえないこと）がなくなり、唯一的・現実的変化を産み出せなくなる、というのがマクタガートの言う意味での時間の非実在性である。「このことは、明らかに、それら三つのタームが両立不可能であることと不整合であり、それらが変化を産み出すことと不整合である」とは、関係化・相対化が時間的変化そのものを消滅させることになる、という意味である。

両立不可能であること（どれか一つでしかないこと）と変化をもたらすことが整合的であるのは、同時にすべてであれば変化できないが、どれか一つでしかなければ変化が可能になるからである。しかし、それは時間的変化を可能にするというだけで、それだけで変化が起こるわけではない。さらに必要となるのは、もちろんA変化（＝B関係）の存在である。しかし、この二つは矛盾する。A変化（＝B関係）は、マクタガートの言うとおり、一面においては確かに、両立不可能な三つの特性をすべていっぺんに持ってしまうことに導くからである。それでもしかし、このA変化（＝B関係）は時間的変化という現象をその外から見る見方であって、この見方もまた時間的変化にとっては必要不可欠なのである。そのことは、端的なA系列に加えて〈より前－より後〉というB系列的な捉え方もなければそもそも時間は成立しない、という点によく現れている。〈より前－より後〉というB系列的な捉え方とはすなわち、いつのどの出来事（時点）も出来事（時点）である以上本質的に〈未来⇓現在⇓過去〉とA変化する（それが現在から見て過去であれば過去において〈未来⇓現在⇓過去〉とA変化したし、未来であれば未来において〈未来⇓現在⇓過去〉とA変化するだろう）ということである。

われわれは、現に、この矛盾した時間概念を生きている。自分が今いるこの現在こそが端的な現在であることを信じて疑わないと同時に、それが多数の現在のうちの一つにすぎないこともまた信じて疑わないはずである。後者のような客観的・相対的視点に立つことが、時点間コミュニケーションにとっては不可欠であり、われわれはつねに（主として自己内において）この時点間コミュニケーションをおこないつづけているからである。このことが他者とのコミュニケーション以上に不可欠であることはなぜか忘れられがちであるのだが。

A変化＝B関係という等式からA変化のほうを外して、対立をA事実とB関係のあいだにだけ見て取るなら、構造上これと同じ問題は人称（person）においても成立する。第55段落の「注解と論評」において、二つの現在が話し合う場合を想定したが、同じことは二人の「私」が話し合う場合にも起こるからである。単純化して言えば、一方が「私こそが（唯一の本当の）私だ」と言うのに対して、他方は「とんでもない！　あなたは私ではなくあなたである」と言うわけである。この場合も、自分がどちらかであれば、そちらの立場の絶対的な正しさを一面においては確信せざるをえない（そのことが自分というものが存在しているということの意味だからである）が、この論争に決着をつける客観的（人称超越的）な根拠は存在しない。どちらかが実際に本当の私であるなどという客観的（人称超越的）事実は存在せず、二人とも対等に「私」であるにすぎない。この二種のリアリティはどちらも除去不可能で、しかも相互に還元不可能である。

次のことを強調しておきたい。この二つのうち人称内在的根拠に固執する（「私こそが（唯一の本当の）私だ」という）見地を「独我論」と呼ぶなら、だれでもこの世に生きているあいだは一面においては必ず独我論者でなければならず、それと人称超越的根拠を認める（だれもが対等に「私」であるにすぎないという）見地をともに持ち、それらを使い分けているのでなければならない。だれでもA系列とB系列とを使い分けているのと同様に、これは自明で不可欠の事実である。もしこのうち人称超越的根拠のほうは拒否するなら、その人は真正の独我論者であるといえるが、その場合に重要なことは、その見地は、他人にはじつは心がないのではあるまいか、といった認識論的懐疑論とはまったく何の関係もない、という点である。他人に心があろうとあるまいと、そんな些事には関係なく、いずれにせよ私はこの一人しかない、という点だけがポイントだからである。

話を時間の問題に戻せば、「現在」についてもまったく同じことがいえる。（前段落は前々段落に対する注的段落なので、この「まったく同じこと」は主として前々段落の議論を念頭に置いたものである。ただし、認識論的懐疑論とは何の関係もないという点は、マクタガート的時間論を考察する場合にも、つねに忘れないでいただきたいとは思う。）しかし、時間の場合は、その本質である変化という概念自体がこの二種のリアリティの両方を必要としている、という点が非常に重要である。すなわち、変化を構成する複数の現在を対等なものと見る見地と、そんなことはありえず、必ず一つの現在だけが現実の現在であらねばならないと見なす見地との（矛盾を含む）両立である。言い換えれば、変化の両項を対等に眺める超越的見地（「かつ」が成り立つ見地）と、どちらかの現実性に固執する内在的見地（「かまたは」が成り立つ見地）を同時にもつことである。

アン女王の死という出来事は、出来事というものの本質によって必然的に〈未来である⇒現在である⇒過去である〉と変化する。そうであることは出来事概念に内在しているからだ。しかしそれは、現実には、ある時一回だけ起こり、その時一回しか起こらない。それが、たんに概念的にではなく現実存在（exist）する時間的変化である。ところで、それが現実存在するとはどういうことであり、その一回とはいつなのだろうか。

いつなのか、という問いに、一七一四年八月一日、というように答えても答えにはならないだろう。当然のことながら、一七一四年八月一日はいつでも現在であるわけではなく、そして、他の時点が現在である時でも、一七一四年八月一日のままだからである。現実存在するとはどういうことかを語る方法もないだろう。一七一四年の八月一日であるというような、それが未来であろうと現在であろうと過去であろうと関係なく成り立つ時点表現によっては表現できないのは当然として、他方でそれはまた、「いま現に起きている」というような、いかなる出来事も（出来事であることによって）被らざるをえない時制的・A系列的表現によってもそれは表現できないからである。それは、その発話時点で起きているという事実を語ることしかできない。

「いま現に起きている」とは、〈未来である⇓現在である⇓過去である〉という必然的変化が現在起こっているという意味だろうが、その「現在起きている」の「現在」も、ふたたび（そしてなんたびでも）〈未来である⇓現在である⇓過去である〉という必然的変化の「現在である」と同じことを言っているほかはなく、それ以上のことを言うことはできない。もしそれ以上のことが言えるとすれば、それはふたたび（そしてなんたびでも）「一七一四年の八月一日において」（といった種類のこと）でしかありえず、この悪しき無限系列から抜け出す方法はない。

端的な現在というものが現実存在することは疑いなく、だから「その一回はいつなのか」という問いもけっして不当な問いではないのだが、その問いに答えるためには、平板（＝金太郎飴的）な一つの世界の描き方の中には収まらない何か「それ以上のこと」を語る必要がある。なぜなら、現実存在するそれは、平板な一つの世界の内部には存在しえない、それを超越した、何か「それ以上のこと」だからである。

そして、その「語りえぬもの」なしには時間的変化が現実存在することはありえない、というのがマクタガートの根源的直観であった。第51段落の「……変化を産み出すことと不整合である」にはそういう含意があると考えなければならない。

もちろん、まったく同じことは人称（person）についてもいえる。存在するすべての生き物のなかに、端的に私である者が含まれているからである。この場合もしかし、平板な一つの世界のなかでそれについて語る方法は存在しない。それは他と並列されえないある種の超越的な存在者だからである。この場合、「一七一四年八月一日である」と答えることに対応するのは「永井均である」と答えることであり（もちろん彼は、この意味で私であろうとあるまいと、永井均でありつづける）、「いま現に起きている」と答えることに対応するのは「私である」と答えることである（こちらはいかなる人も――人であることによって――持たざるをえない自己意識の存在しか表現できない)。

そこに「矛盾」があるというのは、そのような端的な現在や端的な私は、一面ではそれがすべてで他はそもそも存在しないというあり方をせざるをえず、他面ではそんなものはそもそも実在しないというあり方をせざるをえないという「矛盾」が、そこに含まれているからである。(この点については、拙著『存在と時間――哲学探究1』、とりわけ第10章のヘーゲル『精神現象学』についての個所を参照していただきたい。) この矛盾に関連してさらなる問題が存在するので、それについても少しだけ触れておきたい。一七一四年八月一日はいつも現在であるわけではないと言ったが、しかし、たんに「一七一四年八月一日である」と言ったら、それはその日が現在(この場合は「今日」)であることを意味するであろう。時点の理解そのもののうちにそういう現在性の要素が含まれているからである(第47段落の「注解と論評」も参照されたい)。

人格(person)の場合にはもっとはっきりしている。人格とは要するに、その人もまた「私である」という観点から捉えられたその人のことである。しかもこの場合、「私である」とは、現実にはその眼からしか世界は見えず、その身体を殴られたときにしか現実に痛くはなく、その身体しか現実には動かせない……ような人であるという、先ほどの「矛盾」の話のときに述べた「それがすべて」である人を意味している。もちろん、そういう人は現実にはただ一人しか存在しえない。ただ一人しか存在しえないという捉え方を含み込んだうえでの、各人がそれぞれそれである「私」が、すなわち人格（person）である。この意味においても、そこには初めから矛盾が内在しているといえる。それは、一時点しか現在でありえないのに、どの時点も現在でなければならないという矛盾と同じ種類の矛盾である。

自己意識という概念はこの矛盾に由来する。自己意識は本質的にその人物からの離脱可能性を含意しているからだ。すなわち、他の動物への輪廻転生を想定したり、「私がこの人でなく誰某だったら」といった想定をしたりすることが、本質的に可能でなければならないのである。そうした想定はその「私」が唯一の現実存在であることを定義的な本質とするからこそ可能になるのであって、すべての人格にそのことを想定するのは矛盾しているといわざるをえない。そして、おそらくは意識という概念自体、本質的にはこの矛盾をもとにして、そこから派生的に構成されたものであろう。意識とは本質的に離脱可能な自己意識に服属する諸現象のことだからである。

（意識についてくわしくは拙著『改訂版　なぜ意識は実在しないのか』岩波現代文庫、を参照されたい。必ず改訂版のほうを。）

時間とは継起する諸現在のことなのだとすれば、そこに本質的にこれと同じ矛盾が内在していることは明らかなことである。つまり、構造上、時間は、「しかし、その現在とはいったいいつのことなのだ？」という問いに曝されつづけ、意識は、「しかし、その自己意識とはいったいだれのことなのだ？」という問いに曝されつづけるわけである。

2、比喩的説明

まずはこういう比喩で考えてみよう。十人の男が二人ずつ五組に分かれてそれぞれ対話をしている世界を想像していただきたい。その十人のうちの一人は自分であり、残りの九人は他人であるとする。また、どの対話もその話題は、その十人の人間のうち当の対話者二人を除く八人についてである、とする。自分は「私」であり、自分の対話相手は「あなた」であり、そこで話題になっている人は「彼」らである、といえる。

その世界の中から任意の一人の男を取り出すとしよう。すると、その男は必ず、私か、あなたか、彼か、である、ともいえる。たまたま自分が取り出されれば、それは「私」であり、自分の対話相手が取り出されれば、それは「あなた」であり、それ以外の男が取り出されれば、それは「彼」である。しかしまた、取り出されたその男は、観点の取り方によって「私」でも「あなた」でも「彼」でもある、ともいえる。だれが取り出されようと、取り出されたその男自身の観点から見れば、それは「私」であり、その男の対話相手の観点から見れば、それは「あなた」であり、その男を話題にしている人たちの観点から見れば、それは「彼」である、というように。

前者の捉え方が、第51段落で「三つの特性は両立不可能である」と言われているほうの捉え方に対応し、後者の捉え方がそこで「どの出来事もそれらすべてを持つ」と言われているほうの捉え方に対応している。そして、この二つの捉え方のあいだには矛盾がある。

ここで比喩として想定した世界はまた、現実のわれわれの世界のモデルでもある。現実のわれわれの世界もまた、人々が対話をしている世界であり、なぜかそのうちの一人が現実の私であり、対話の話題は対話者以外の人間であることが多いからだ。だから、この世界から任意の一人を取り出すなら、その人は、私か、あなたか、彼（この場合は彼女も含む）か、であって、そのうち二つ以上の規定を同時に持つことはできない、ともいえる。だれから見られようと、私はどうしたって私のままであって、現実に他人になってしまうなどということは（幸か不幸か）できないからだ。つまり、これは絶対的な区別であって、観点に依存した相対的な区別ではないのだ。しかしまた、取り出されたその人は、観点の取り方によって、私でも他人でもありうる、とも言える。取り出されたその人自身の観点から見れば、それは「私」であり、その人の対話相手の観点から見れば、それは「あなた」であり、その人を話題にしている人たちの観点から見れば、それは「彼」である、と。これは相対的な区別であって、この場合、その人が私であるか、あなたであるか、彼であるかは、観点の取り方によって変化することになる。

私、あなた、彼（彼女）という三つの特性は両立不可能である。しかし、だれでもそれらすべてを持つ。もし人間Mが私であるなら、あなた（対話者）から見ればあなた（対話者）であり、彼（第三者）から見れば彼（第三者）である、云々。このようにして、それぞれの人間に、両立不可能なこの三つの特性がすべて述語づけられうる。このことは、明らかに、それら三つの特性が両立不可能である（どれか一つでしかない）ことと不整合である。この矛盾は、われわれの世界の成り立ちそのものに内在する矛盾である。

言葉の使い方という点だけに問題を絞るなら、次のような比喩でもこの問題状況との類比を提示することもできる。三人兄弟の次男は、兄（長男）から見れば弟で、弟（三男）から見れば兄だが、そのことに何の問題もない。また、そういう相対的関係とは独立に、彼は端的に次男であるということも、その相対的関係と何の矛盾もなく成り立つだろう。しかし、もし兄と弟という相対的関係もまた、長男・次男・三男という絶対的区別と同じ用語を使って区別されていたらどうだろうか。すなわち、自分にとっての兄は「長男」と呼ばれ、自分にとっての弟は「三男」と呼ばれ、自分自身は「次男」と呼ばれるのだとしたら。その場合、この二つの用語法は矛盾している、と言えるであろう。なぜなら、次男は、長男から見れば三男で、三男から見れば長男であって、（この段階でもすでに、それぞれ二回出現する「長男」と「三男」という語の意味は異なるが、それは相対的用法内部のことなのだから問題ではないとして、）それは彼が端的に次男であるという事実と（言葉の上で）矛盾するからである。（この比喩で、「長男から見れば……」の「長男」や「三男から見れば……」の「三男」も、実は絶対的と相対的の二つの意味を併せ持っており、しかしたまたま指示対象が一致しているのだが、端的な現在から見られた場合の「過去」や「未来」についても、じつはこれと同じことがいえる、ということに気づいておくことは重要である。）

マクタガートが時制について語ったことと、私が人称について語ったことのあいだに、このような対応関係が認められるなら、同種の矛盾が時制（A系列）のみならず人称にも存在することは明らかなことである。じつをいえば、これは自明のことにすぎない。われわれが生きている世界は、なぜかある特定の人物が端的に私であって、その人以外の人は端的に他人であるような世界であるのだが、その同じ世界はまた、だれでもその人にとっては私であり、その人以外の人は他人であって、一人だけ特別に私であるような人など存在しない、複数の「私」たちが平板に共在する世界でもあるからだ。われわれは、この二種の異なる（矛盾した）世界観を併用している。

それでもその二つの矛盾した世界観とその二つの矛盾した言語規則をうまく併用で

きているのは、二つの世界観をうまく接合する言語規則が存在するからである。「私」や「今」は、それを語る主体が準拠するその語の使用規則（どんな場合に「私」「今」と言ってよいかを規定する規則）とそれを聞く者が準拠する解釈規則（その語によって何が指されているかを解釈する規則）が異なっており、それが言語外的な、この世界の恒常的なあり方（経験的・偶然的事実）によって繋げられているからである。

「私」にかんして言えば、それは「私」という音がそこから出る「口」が二つの機能を併せ持つからなのだが、この点にかんする議論は他の場所で何度もしているので、ここではごく簡単に述べる。私は自分がだれであるかを知らなくとも、ただそれしか存在していないという理由で（その内側から）私であることだけを捉えることができ、それしか存在していない内的・意志的な口から「私は……」などと語り出すことができる。しかし、その発言は必ずある人物に付いた外的・物理的な口（たくさん存在する口たちのうちの一つ）から発せられることになるので、発言を聞いた者たちは、その「私」はその口のついた人物を指すものと理解する。この変換によって矛盾した二つの世界観はつねに接合されてゆくわけである。

「現在（今）」には、二つの世界観を接合する「口」にあたるものがない。にもかかわらず、その働きは原理的には同じことであり、同じことであるほかはない。われわれは現在がいつであるかを知らなくとも、ただその時しか存在していないという理由で（その内側から）現在であることだけを捉え、「現在は……」などと言ったり書いたりすることができる。しかし、その発言が紙に書かれたり録音されたりしても、口が人物を特定するようには、その発話時点がいつであるかをそれだけでは特定できない。しかし、たいていの場合、状況から推定はでき、日記や新聞や報道番組などであれば、特定の日付がわかるので、それを読んだり聞いたりした者（もちろん自分自身でもよい）は、その「現在」はその時点を指すと理解することができる。この変換によって、矛盾した二つの世界観はうまく接合されてゆく。

「私」の場合も「現在」の場合も、そういう媒体がなければ、二つの世界観は接合されないだろう。もしそうであったなら、少なくとも「私」にかんしては、その語自体が機能しないであろうから、そもそも生まれることもなかったであろう。「現在」にかんして、その接合機能を担うのは、紙や録音という物理的媒体以前に、記憶という内的な機能そのものである。記憶において、「私」が言葉として果たすのと同じ二重の機能を、言葉となる以前の「現在」観念が果たし、二つの世界観を時間的に接合することによって、世界そのものの時間的接合を可能にしている。（記憶があるからそれが可能になるのではなく、それが記憶を可能にするのである。）

「私」と同様「現在」もまた、世界を初めて開く端的な原点であるとともにその世界のうちに位置づけられた世界の一部でもあらねばならないのだが、世界を初めて開く端的な現在は経験されるたびごとに現在だった出来事として記憶的連関のうちに埋め込まれ位置づけられ対象化されていく。世界がそこから開ける唯一の原点がその内容を保持したまま（そしてあくまでも現在だったこととして）対象の側にまわるのである。もちろん、未来として予期されていたことにかんしてはその逆のことが起こる。予期されていたこととその実現、体験されていたこととその記憶は、ともに内的関係であり、あり方が根源的に変わってもその内容はまったく変えない、という点がとりわけ重要である。

　遠い過去を思い出すときにも、われわれはそれを「現在だった」こととして思い出すのであり、「現在だった」こととしてしか思い出せない。過去とはそもそも「過去における現在」のことでしかありえない。未来もまた「未来における現在」である。

それらは位置づけられた原点である。また逆に、ある意味では、端的な現在といえども位置づけられた原点でしかありえない（もし少しも位置づけられていなかったら、そもそも何が起こっているのか、さっぱりわからないだろう）。端的な現在は、一面では、過去や未来とは存在と無といえるほど極端に異なっているものであると同時に、他面では、同じ事象内容のたんなる変容（鮮やかに見えたりセピア色に見えたりすることに類比的な）にすぎず、過去における現在や未来における現在と完璧に同格の、現在（という一時点）における現在であらねばならないわけである。

なぜ端的な現在という「世界を初めて開く端的な原点」が世界の内部に位置づけられることができるのか、といえば、端的な現在という無内包のあり方がそのような概念として内包化され、そもそも事象内容ではない端的さというあり方が、そういうものとして事象内容化されていくからである。過去における現在や、未来における現在や、他人における「私」は、そのようにして可能になる。そのことこそが言語的疎通に不可欠の条件であり、時間の場合にはまた、時間的変化の、すなわち時間が経過するという観念そのものの、成立条件である。

すでに何度も述べてきたように、A系列という概念自体の内部に、この二つに対応するような二つの概念が内在している。いかなる出来事も過去か現在か未来かである（という端的なA事実が現にある）という A系列の捉え方と、いかなる出来事も時点も〈未来⇓現在⇓過去〉とA変化するというA系列の捉え方である。そして、一方ではもちろん、端的なA事実もまたA変化するのだが、他方ではまた、A変化という概念それ自体の内部に端的なA事実が（概念化された形で）すでにして内在してもいるわけである。端的さなしには変化は不可能なのだから、これは当然のことではあるが。

一つの時点が過去でも現在でも未来でもあることがマクタガートの言っている矛盾だと理解されていることがあるが、そうではない。矛盾しているのは、過去か現在か未来か、どれか一つでしかありえないことと、過去でも現在でも未来でもあること、の二つである。マクタガート自身もそう言っている。そう言っているかもしれないが、実際には、過去でも現在でも未来でもあることそれ自体がじゅうぶんに矛盾ではないか、と思われるかもしれない。しかし、そうではない。ある人は、その人自身から見れば「私」だが、対話相手から見れば「あなた」であり、話題にしている人たちから見れば「彼」であっても、（そして、後に問題にされるように、その対話相手や話題にしている人たちもまた、それぞれ「私」でも「あなた」でも「彼」でもあったとしても、）そこには何の矛盾もないだろう。矛盾が存在するのは、そういう観点依存的で相対的な捉え方と、その人は私であるかあなたであるか彼であるか端的にどれか一つでしかありえないという、観点依存的でない、絶対的な捉え方のあいだに、である。ある時点が、その時点から見れば現在だが、それより後から見れば過去であり、それより前から見れば未来であっても、（そして、後に問題にされるように、その後の時点や前の時点もまた、それぞれ現在でも未来でも過去でもあったとしても、）そこには何の矛盾もない。すなわち、現在である性と、過去になるだろう性と、未来だった性の三つの性質を併せ持っていても、そこに何の矛盾もない。矛盾が存在するのは、そういうどこまでも観点依存的でどこまでも相対的な捉え方と、その時点は現在であるか未来であるか過去であるか端的にどれか一つであるという、少しも観点依存的でない絶対的で端的な捉え方のあいだに、なのである。

最初の比喩を使って表現してみよう。その世界の中から任意の一人の人を取り出したとき、取り出された人がなぜか私であったなら、私は「偶然にも私が選ばれた！」と思うであろう。しかし、だれが選ばれようと、選ばれたその人は彼自身にとっては

「私」なのだから、私が選ばれたときにもまたそのあたりまえのことが起こったにすぎない、とも言え、少なくとも私自身以外の人はみなそう言うであろう。みんなが一致して認める端的な私などは存在しないからである。すなわち、一〇人の人間のうちからある特定の人が選ばれたのはたしかに偶然のことだが、それが「私」であったことは少しも偶然ではなく、たんに自明のことにすぎない、と。その特定の人物がなぜか私であることの偶然性などというものは存在しないからである。

同様にして、歴史年表を眺めるように全時間経過を眺めて、そこからどの時点を取り出しても、取り出されたその時点はその時点にとっては現在である。だから、たとえ現に端的に現在である二〇一六年八月十六日の午後六時が取り出されたとしても、それはやはり二〇一六年八月十六日の午後六時においては現在であるにすぎない。「おお、偶然にも、なんと現在が取り出された！」などと感嘆することはできない。その自明な事実を超えて、端的に現在である時点などというものは実在しないからだ。二〇一六年八月十六日午後六時は、午後四時においては未来で、午後八時においては過去だが、二〇一六年八月十六日午後六時においては現在なのであり、それが端的に現在なのは二〇一六年八月十六日午後六時の観点から見られたから、にすぎない。どの時点だって、それより後から見られれば過去であり、それより前から見られれば未来なのであって、現在であるのはその時点から見られたからでしかない、というわけである。この主張は、時制の場合には、「現在である」に含まれている「である」（「過去になるだろう」の「なるだろう」と「未来だった」の「だった」と対比された）によっても支持されることになる。

端的な現在もまた「現在である」と語られざるをえないが、これはもちろん、「その時点から見れば現在である」という意味ではないはずである。それなら、どの時点もその時点から見れば現在だからである。端的な現在はどの時点から見られようと、そんなことには関係なく、端的に現在でなければならないのである。そういう（相対化不可能な）現在というものが存在するのでなければ時間というものは存在しなくなる、というのがマクタガートの根源的直観であったろう。同じことはまた、この世界から任意の一時点を取り出すなら、それは、現在か、未来か、過去か、端的に（すなわち、どこから見られたかとは独立に、それ自体で）どれかでなければならない、ということでもある。そういう絶対的な時間的区別が実在して、それが動いていくことこそが、時間が実在するという意味でなければならない、と彼は考えたのである。

この矛盾が哲学的に重要な意味を持つ理由は、観点依存的でない絶対的な捉え方が観点依存的で相対的な捉え方を（どこまでも）超出していくのに対し、観点依存的で相対的な捉え方は観点依存的でない絶対的な捉え方を（どこまでも）自分のうちに吸収しようとするからである。

3、端的な現在は語りうるか

神はたくさんの生き物の中から私を識別することができない。神はまた、諸時点のうちから現在を識別することもできない。それらはいずれも、端的な内側だからである。神は全能であるから、ある特定のものの隠された内側ならどこまでも透視する能力を完璧に持っている。だから神は、たとえば永井均の内面の秘密をすべて知っているだろう。そういう意味での主観性なら、どこまでも神の全知の内部にある。だが、彼だけがなぜか私というあり方をしており、他の生き物は端的に他者である、つまり、実はこれしか存在しておらず、他は端的にない、という端的な事実が現にあることは、この意味での主観性の存在だけは、神でさえ達することができない。なぜなら、そんな事実はないからである。そんな事実の存在を認めたら、神が錯覚に陥ったことになってしまう。神の見地から見れば、そうしたことは永井均という一生き物が持つ（他の生き物も持ちがちな）一想念にすぎない。

　いや、それなら、一想念という仕方で、神もまたそれを知っているといえるのではないか、と言われるかもしれないが、そうではない。なぜなら、それは一想念として知るという仕方で知ることができないようなあり方で存在しているからである。もし一想念に格下げされてしまえば、それはすでにして取り逃がされたのである。

　話は逸れるし、これまで何度も言ったことだが、もう一度言うなら、欺く神と闘ったデカルトがある一点で神に勝利してしまうのはまさにそれゆえである。神はデカルトのすべてを、彼の自己意識や自我のあり方を含めて、余すところなく知っているだろうが、彼がなぜか唯一の現実の私であり、現実に私というあり方をしている者は彼しか存在せず、その意味ではそもそも彼しか存在しない、という事実を、そのままの形で知ることだけは、けっしてできない。神がそれを知るには、神であることを捨てて人格としてのデカルトそのもの——現にデカルトでしかありえないにもかかわらず、デカルトであることによってではなく世界を開く唯一の原点であることによって自己を捉えており、現にそうである者――にならねばならないからである。全知の者には知りえない真実というものが存在する。それなら、それはつまり錯覚あるいは幻想ではないか、と思われるかもしれない。もちろんそう言ってもよいのだが、しかし、そのような在り方を前提にしなければわれわれの人生は成立しないし、また時間が経過するなどということも起こりえないのである。

時間の経過が起こらないのは、そうなると端的な現在が存在しなくなるからである。端的な現在もまたその内側から――それも端的にそれしか存在していないという仕方で――しか知りえないものである。すなわち、端的にそれしか存在していないという境遇に追い込まれた者のみが知りえ、たしかにその視点に立てばそう見えるに違いないということを知っているだけの者には知りえないような、そういう真実が存在しなければならないのである。繰り返すが、もしそうでなければわれわれの人生は成立せず、時間も経過することがない。マクタガートの言う「両立不可能性」という事実の成立にとって、このことこそが決定的に重要である。それが確保されなければおよそ時間は存在しえないという彼の洞察は、その真価が理解されているとは思えないのだが、じつは格別の価値があるのだ。

神など持ち出さずに同格の他者で考えても、同じことはいえる。神が知りえないことは、他者もまた知りえないからだ。ある人間がなぜか端的に私であるという事実を、他の人間が知ることはありえず、ある時点が端的な現在であるという事実を、他時点（にいる者）が知ることはありえない。それは、端的にそれしか存在していないという境遇に追い込まれた者のみが知りえ、たしかにその視点に立てばそう見えるに違いないということを知っているだけの者には知りえないような、そういう真理だからである。したがって、その事実を他者に伝達することも、もちろんできない。独我論も独今論も語りえない。独今日論も独今年論も語りえない。（今さら誤解の余地はないと思うが念のために言っておくなら、独今日論とは、今日しか存在しないという主張ではなく、この今日だけが本当の現実の今日であるという主張である。そして、この今日だけが本当の現実の今日であるという主張には疑う余地のない真実が含まれている。なぜなら、もしそうでなければ、いつの今日も同列に並んでしまい、端的な今日がなくなってしまうから。）

語りえないとは伝達できないということであるから、さしあたってはもちろん他者に語りえないという意味である。独我論は他人に語りえず、独今論は他時点（にいる者）に語りえない。さて、しかし、それなら独我論は自分には語りうるのだろうか。独今論は自時点（にいる者）には語りうるのだろうか。

私はよく、講義などで「この今だけが本当の今ですよね。二時間前にも三ヵ月後にも、もちろん今はあるだろうけど、それらの今はその時における今であるだけで、端的な本当の今は現にここにしかないですよね」というようなことを言う。すると、その言語表現は見事に通じて、たいていはそこに居合わせたすべての人がそれに賛同する。さて、これは何をしているのだろうか。

同じことの〈私〉バージョンなら次のようになるだろう。「この私だけが本当の私だ。イチローもキムタクも、安倍晋三も蓮舫も、もちろん「私」だろうけど、それらは彼らにとっての「私」であるだけで、端的な私はこいつしかいない」と、私は私しか見ない手帳に書いておいて、折に触れてそれを読み返すのである。すると、きっと、いつの時点の私もそれに賛同するであろう。さて、これは何をしているのだろうか。

前者の「今」の場合は後からそれを振り返れば、後者の「私」の場合は他人が私のやっていることを知れば、どちらもたんに、ある時点はその時点にとってはそれだけが現実の現在である、という自明な事実や、ある人はその人自身にとってはそいつだけが唯一の端的な私である、という自明な事実を、それぞれ遂行的に確認しているにすぎない。そう見るのが通常の言語的な見地に立った見方である。ウィトゲンシュタインならおそらく、これらの言語表現は実際には機能していない、と言うだろう。「急いでいるときクルマの後部座席から前の座席を押したくなる」等々の比喩を駆使して。私は、この種の比喩は鋭利で本質を突くものではあり、その鋭利さの意味を深く理解しなければならない、とは思うが、それでもそれはことがらの半面しか捉えていないと思う。理由は簡単で、端的な現実の今や端的な現実の私の存在は、私が『改訂版　なぜ意識は実在しないのか』や『存在と時間——哲学探究1』で頻用した用語でいえば「無内包の現実性」であって、通常の意味で言語的に伝えるべき事象内容（内包）がないことこそをその本質としているものだからである。しかし、繰り返しになるが、それなしにはわれわれの人生（いや私の人生）はありえず、それなしには時間が経過するということはありえない。

出来事や時点の〈未来⇒現在⇒過去〉という一般的な変化＝関係とは別のところに、端的な現実の現在が存在しなければならない。対立は一般的A変化＝B関係と端的さ・現実性とのあいだにあるのだから、端的な現実の現在とは端的な現実の〈過去・現在・未来〉のことである。ときに、端的な現実の現在という意味はよくわかるが、端的な現実の過去や未来という意味がわからないという人がいるが、そういう人はそもそも問題の意味を理解していないことになる。

ここまで書いてきて、突然、「無我」という話との類比を連想したので、説明のための比喩としてはあまり適切ともいえないが、いちおう書いておくことにしよう。個々の心的要素が現象として生滅しているだけで、それらをまとめている不変の自我などというものは存在しない、という教説を無我説と呼ぼう。無我説はもちろんだれの自我にでもあてはまる。だから、当然のことながら、私の自我にも他人の自我にもあてはまる。だが、それは、私の自我と他人の自我にまったく同様にあてはまるのであるから、他人の自我と対立する私の自我の、「自我」のほうではなく「私の」のほうが何であるか、この差異が何であるかには、少しも触れていない。一般的な〈A変化＝B関係〉は、この無我論のようなものなのだ。それは、現実の現在の究極的な現実性にはついには触れることがない。（〈A変化＝B関係〉のうちA変化のほうは、どこまでもそれを取り込もうとしつづけることによってそれを取り逃がしつづける運動を表しており、B関係はその帰結である。）

そのような意味での現実性は、たとえ存在するにしても、それでもやはり語りえないのではないか、と言われるかもしれない。しかし、そうではないだろう。ウィトゲンシュタインに反して、われわれがここで使っているクルマは普通のクルマと違ってもともと多目的的でありかつ可塑的だからである。たとえばカントは、可能的な五百ターレルと現実的な五百ターレルは事象内容的（real）な、つまり内包における差異はない、と主張してそれを根拠に神の存在の存在論的証明を批判した。しかし、そのカントはその差異を可能的 vs.現実的という事象内容的ではない（つまり内包上のではない）差異を導入して言語表現している（それはつまり、アンセルムスやデカルトの存在論的証明は批判できているが、可能な存在論的証明一般を批判できてはいないということでもあろう）。要するに、無内包の現実性を問題にできる哲学的言語は十分に可能で、この意味において現実性があるかないかだけの（非事象内容的）差異を語ることは、いくらでもできるはずなのである（もしそうでなければ、クルマの比喩が何を不可能だと言っているのかさえだれも理解しないだろう）。

「……、端的な本当の今は現にここにしかないですよね」と語りかけるとき、私は「これは、ある時点はその時点にとってはそれだけが現実の今である、という自明な事実のたんなる一例ではないですよね」と言っている。「その自明な事実は、じつのところは、今ここにしか実現していないですよね」と言っているわけだ。どの時点においてもその内部からは同じことが言われるようなことが言われているのであれば、その外部からは別の特性（過去であるとか、未来であるとか）が与えられるだろうが、この場合にはそのようなことが（少なくともそのようなことだけが）言われているのでないから、外部から別の特性を与えることはできない。そのできなさが言われていることなのである。言われているのは現在であるという事実ではなく、むしろ端的に現実の現在であるということであり、その「端的に現実の」のほうなのである。他の時点においても事象内容的には（内包においては）まったく同じことが言われるだろうが、事象内容的には（内包においては）表現されない差異こそが、ここで主題化されていることである。ここで置かれている対比は、通常の事象内容的な対比ではなく、現に丸ごとそれが実現されてしまっているという端的な現実（の端的な現実であることとそのもの）と、しかし他でもありえたという想定上の可能性とのあいだの対比である。「ある時点はその時点にとってはそれだけが現実の今である」というような仕方で世界を見る、外在的な見方そのものを逆転させて、現に与えられた（現にそれしか存在しない）内属的視点そのものから素直に世界を見る見方に立って、その後で、さらにそのことを（そのことのみを）他の可能性との対比のうちに位置づける、ということがなされているわけである。

このような、通常の〈A変化＝B関係〉には解消されない、現実性だけにかんする差異というものがなければ、時間は現実に存在することができない、というのが時間の現実存在を語るときのマクタガートの根源的直観であったろう。「一見したところわれわれにそう見える時間」が存在し、出来事の到来と過ぎ去りが起こりうるのは、この存在論的差異があるからである。それがすなわち「両立不可能性」である。そして彼は、しかしそれは〈A変化＝B関係〉に解消されてしまう、と語った。このことがしばしば「矛盾」として語られていることの内実であろう。

しかし、それゆえに時間が実在できなくなる、などということはありえない。むしろ、ここからいえることは、時間の存在のためにはその矛盾が不可欠である、という事実であろう。われわれは他の場面でも、本質的にこれと同じ仕方で矛盾した二つの世界把握を使い分けて生きている。「……、端的な私はこいつしかいない」と自分自身に言うとき、私は「このことは、ある人はその人自身にとってはそいつだけが唯一の端的な私である、という自明な事実のたんなる一例ではない」というそのことを言っている。だれにとってもその当人からは同じことが言われるようなことが言われているのであれば、その外部からは別の特性（「彼」であるとか、「あなた」であるとか）が与えられるだろうが、この場合にはそのようなことが言われているのでなく、まさにそうではないということこそが言われているのであるから、外部から別の特性を与えることはできない。言われているのは私であるという事実ではなく、むしろ端的に現実の私であるということであり、その「端的に現実の」のほうなのである。他の人も事象内容的には（内包においては）まったく同じことを言うだろうが、事象内容的には（内包においては）表現されない差異こそが、ここで主題化されていることだからだ。ここで置かれている対比は、通常の事象内容的な対比ではなく、現に丸ごとそれが実現されてしまっているというこの端的な現実と、しかし他でもありえたという想定上の可能性とのあいだの対比である。「ある人はその人自身にとってはそいつだけが唯一の端的な私である」というような外的な視点から世界を見る、「何がその言明を真にするか」といった真理値的な世界の見方を元に引き戻し、現に与えられた（現にそれしか存在しない）独在的視点そのものから世界を見る見方に立って、その後で、さらにそれを他の可能性との対比のうちに位置づける、ということがなされているわけである。

一方では、この把握の仕方が不可欠である。私のようにこのことをことさら哲学的に概念把握していなくても、だれでも同じことをしていると考えざるをえない。しかし、他方では、先に述べたことを「ある人はその人自身にとってはそいつだけが唯一の端的な私である」という自明な事実のある一例として見るような見方を当然のごとくに受け入れ、しかもその受け入れ方を自ら洗練させていかなければならない。ここには矛盾があるとはいえ、それをうまく接続させるやり方が整備されてもいる。すでに述べたように、その本質は無内包の現実性をそういうものとして内包化するという方策である。これはたんなる哲学的なテクニックではなく、「過去における現在」や「未来における現在」といった捉え方自体がまさにそれである。動く現在（端的な現在がそれにもかかわらず動く！）というある意味では驚くべき発想の根源もそこにある。端的な現在がそれとして事象内容化されて、無内包の端的な現実とその概念とを架橋するのである。これは身体に付いた口や日記に書かれた日付以上に本質的な役割を果たしている。過去や未来という捉え方それ自体がこのことによって可能になっているのである（もちろん「他人」もだが）。

Ⅲ　時計の針について

マクタガートが直接に論じている問題ではないので、付論のまた付論ということになるが、A系列とB系列という分類と関連して、時計の本質について簡単に論じておきたい。時計は、時を示す文字盤上を針が動いて現在時を教えるものだが、これまでの議論を踏まえる限り、それ自体としてはB系列を出ることができない。が、逆にまた、端的な現在を生きるわれわれは自らを時計化する必要があった。これがここでの中心論点である。

時計の拡大版として、日付や時刻まで書かれた巨大な年表を想像してみよう。現在というものを、その巨大な年表に付けられた針として表象することは容易である。しかし、それには三つの条件がいる。針は、事実としては、巨大年表上を左から右にゆっくりと動いているだけなのだから、それだけでは、そこに「現在」という意味を読み込むことはできない。現在という意味を読み込めるためには、まずは、その針の現在における位置が現実の現在の位置（その年表とは独立に現在であることがわかる事実と対応している位置）になければならない。そうでない針、たとえば現在平安時代あたりを動いている針には、現在という意味を読み込むことができない。それは、こちらに向かって動いているかぎり「可能な動く現在」を示しているとはいえるが、「現実の動く現在」を示してはいない。（ここでは、現在平安時代を指している年表時計は、現在が平安時代であるような「可能な動く現在」を表象している、と考えられている。しかし、現在が平安時代であるような時間――これとは別のA系列――がそもそも可能であるか、こそがまさに問題なのであった。現在が平安時代である時とは、たんに平安時代のことであり、そうでしかありえないから、現在が平安時代であるような時間はじつはこの時間のことである、と見なすこともできるからである。）

もちろん、その針の現在における位置が現実の現在の位置にあるだけでは足りない。地球の公転自転など、この世界の内部に存在する周期的運動と、その針の運動が関連づけられて、「正しく時を刻む」のでなければならない。そうすれば、その針を見ることによって現在がいつであるかを知ることができるようになる（何時何分かだけではなく、何年何月何日かも知ることができて、ふつうの時計よりも便利である！）。これが第二の条件である。しかし、それだけではまだ足りない。針は、事実としては、巨大年表上を未来方向へ向かって動いているだけなのだから、それだけではそのどこにも「現在」などは与えられていない。現在が与えられるのは、われわれがそれを現在において見る（現在においてしか見られない）ことによってである。これが第三の条件である。現在がどこから湧いて出るのか、それはこの年表時計の仕組みをどんなに詳しく調べてもわからない。

時計の文字盤にあたるこの年表そのものは、出来事相互間のB関係をあらわしており、この年表時計上を移動していく針の動きそのものは、A変化を表現してはいる。そのことは、針の動きは（針の動きだけは）年表上に出来事として（たとえば「ここに針が来る」として）書き込むことができないという点に現れている。だから、この年表時計にはA変化＝B関係はあるが、それだけではまだA事実はないのだ。それは、その外からわれわれが与えるしかない。われわれには、端的に、その位置にある針しか見えない（それ以外の位置にある針は見えない）という事実によって。

われわれが与えるしかない、などと偉そうに言ったが、じつはわれわれにもそんな能力はないだろう。たしかに、時計を見る場合には、われわれにその位置の針しか見えないという事実がそれを与えているかのように思われもしよう。しかし、われわれ自身も自分たち自身を、この針のように出来事系列上を動いているものとして表象することができ、その場合、端的なA事実はわれわれの外から与えられることになる。今度は、なぜかわれわれは、端的にその時点に居る（その時点にしか居ない）という事実によって。

時間は、この端的なA事実の存在によって、初めて成立する。のではあるが、今度はこの観点に立つと、逆に、なぜ自分を針のごとき継続的移動物体（の一部）とみなすことができるのか、ということのほうが疑問になるだろう。なにしろ、端的にそれしか存在しないという事実だけがA事実というものを成り立たせているのだから、それがなぜ一般的A変化と合一して「A系列」などと呼ばれることになるのかが謎となるのである。

マクタガートはこの問題を、出来事系列があらかじめ存在するという前提を置くことで回避しているように見えるが、真正面から受け止めて議論していくこともできるはずである。最後にちょっとだけそのことを論じて終わりにしよう。

以前に触れたように、ロは志向的なロと物理的なロが一致していることで、端的にそれしか存在しない意図を特定の人物の意図へと繋いでいたが、同様にして眼は、幾何学的な眼と物理的な眼が一致していることで、端的にそれしか存在しない視野を世界内に空間的位置を持つ物（＝物としての眼）へと繋ぐ。しかし、現在には、この物としての眼にあたるものがなく、幾何学的な眼だけが（つまり視野だけが）移動していくので、いったい何が移動しているのかは、見えている風景とパースペクティヴの変化からしかわからない。逆に言えば、針とは、後から疑似的に作られた、幾何学的眼と一致した物理的な眼のようなものなのである。眼が自分自身も空間内の一物体であるのとは異なり、現在は自分自身は時間内の一出来事ではないので、それを客観的（物理的を含む）世界に位置づける方法は、この連関のうちには、存在しない。

しかし、別の連関では逆のこともいえるだろう。世界の中にただ一人存在する〈私〉とは、その眼から世界が見え、その口から言いたいことが言え、それが殴られると痛く、感情や願望や思考や記憶を現に直接に持つ唯一の存在のことだといえる。このとき重要なことは、見えている内容、言おうとしている内容、感じられる感覚や感情の内容、持っている願望や思考や記憶の内容は、この意味で〈私〉であることとは少しも関係がない、という点である。ポイントはあくまでも、それだけが現に在る

(見える、感じられる、等々）ということのほうにある。その内容はその本質ではないのだ（もちろん、現在についても同じことがいえる)。しかし、事実としては、それだけが現に在るというその事実は、その眼や口（物としての）がついた身体を持つ人物（の内容）といつも合体している。しかし、事実として合体しているだけなら、思考実験として、その合体を切り離して、それだけが現に在るというその事実だけを別の身体（を持つ人物）と合体させる、ということも考えられるはずである。

時間にかんしては刻々とそれがなされている！　当然のことながら、この意味での〈私〉がたとえば安倍晋三になっても、なったという事実はどこにも刻印されない。そもそも世界には何の変化も起こらない。変化が起こるためには、このような激変（それだけが現に在るものが変わるという）にもかかわらず、記憶をそのまま連れていく、という不思議なことが起こる必要がある。そうすれば、私は、安倍晋三の眼から永井均を見て、「あれがもとの私だ」などと呟くことができるであろう。ところでしかし、これが、時間の場合に起こっていることなのである。われわれはいわば刻々と「あれがもとの私だ」「こいつがこれからの私になるのだ」と呟いているわけである。足し算の比喩でいえば、0に3を足しても4を足してもやはりまた0であると同時に、ちゃんと足されて3にも4にもなっている、というわけである。

しかし、なぜそんなことが可能なのか。哲学的な理由ははっきりしている。すでに触れたように、最も根本的には、一般にわれわれが「無内包の現実性」自体を内包化する（事象内容の内部に組み込む）ことに成功したからである。この場合でいえば、概念ではない「端的な現在」を、そのなさを概念化することに成功したからである。つまりわれわれは、物体としての針を作り出す以前に、概念としての針を作り出しているわけである。

必要最小限の参考文献

「はじめに」で述べたように、マクタガートの議論にかんする私の理解の仕方は、他の諸解釈に似ていない。そういう諸解釈を知りたいと思う方は、さしあたってまず、佐金武『時間にとって十全なこの世界』（勁草書房、二〇一五年）を、とりわけその第1章を読まれることをお勧めしたい。現在の英語圏における議論状況が概観でき、興味ある論文等を自分で読む最初の手掛かりになるだろう。

少し古いが、入不二基義『時間は実在するか』（講談社現代新書、二〇〇一年）の末尾にも「文献案内」があり、その「日本語で読めるもの」の部分は、その時点までのほぼ網羅的な文献表になっている。ただし、入不二氏自身のマクタガート解釈としては、『時間と絶対と相対と』（勁草書房、二〇〇七年）のほうが新しい。

KODANSHA

＊本書は、講談社学術文庫のための新訳です。

ジョン・エリス・マクタガート

1866-1925年。ロンドンに生まれ，ケンブリッジ大学のトリニティ・カレッジで研究生活を過ごした代表的なイギリス観念論者。

永井均（ながい　ひとし）

1951年生まれ。慶應大学大学院文学研究科博士課程単位取得。現在，日本大学教授。専攻は哲学。著書に『私・今・そして神』『改訂版　なぜ意識は実在しないのか』『存在と時間——哲学探究１』など。

講談社学術文庫

定価はカバーに表示してあります。

時《じ》間《かん》の非《ひ》実《じつ》在《ざい》性《せい》

ジョン・エリス・マクタガート

永《なが》井《い》均《ひとし》　訳・注解と論評

2017年２月10日　第１刷発行
2022年１月12日　第６刷発行

発行者　鈴木章一
発行所　株式会社講談社
東京都文京区音羽 2-12-21 〒112-8001
電話　編集（03）5395-3512
販売（03）5395-4415
業務（03）5395-3615

装　幀　蟹江征治
印　刷　豊国印刷株式会社
製　本　株式会社国宝社
本文データ制作　講談社デジタル製作

ISBN978-4-06-292418-4

「講談社学術文庫」の刊行に当たって

これは、学術をポケットに入れることをモットーとして生まれた文庫である。学術は少年の心を養い、成年の心を満たす。その学術がポケットにはいる形で、万人のものになることは、生涯教育をうたう現代の理想である。

こうした考え方は、学術を巨大な城のように見る世間の常識に反するかもしれない。また、一部の人たちからは、学術の権威をおとすものと非難されるかもしれない。しかし、それはいずれも学術の新しい在り方を解しないものといわざるをえない。

学術は、まず魔術への挑戦から始まった。やがて、いわゆる常識をつぎつぎに改めていった。学術の権威は、幾百年、幾千年にわたる、苦しい戦いの成果である。こうしてきずきあげられた城が、一見して近づきがたいものにうつるのは、そのためである。しかし、学術の権威を、その形の上だけで判断してはならない。その生成のあとをかえりみれば、その根は常に人々の生活の中にあった。学術が大きな力たりうるのはそのためであって、生活をはなれた学術は、どこにもない。

開かれた社会といわれる現代にとって、これはまったく自明である。生活と学術との間に、もし距離があるとすれば、何をおいてもこれを埋めねばならない。もしこの距離が形の上の迷信からきているとすれば、その迷信をうち破らねばならぬ。

学術文庫は、内外の迷信を打破し、学術のために新しい天地をひらく意図をもって生まれた。文庫という小さい形と、学術という壮大な城とが、完全に両立するためには、なおいくらかの時を必要とするであろう。しかし、学術をポケットにした社会が、人間の生活にとってより豊かな社会であることは、たしかである。そうした社会の実現のために、文庫の世界に新しいジャンルを加えることができれば幸いである。

一九七六年六月

野間省一